Charles Haddon Spurgeon
Finales Manifesto

«Verkaufe alle Bücher, die du hast – und
kaufe Spurgeon!»

Pfarrer Rolf Scheffbuch

«Spurgeons ‹Finales Manifesto› ist ein Vermächtnis
der Hoffnung an die kleine Horde offensiver Christen,
die sich nicht schämen, mit den Waffen
des Evangeliums den letzten großen Kampf
zu kämpfen.»

Dr. Dominik Klenk

www.fontis-verlag.com

«Diese Ansprache hielt Spurgeon wenige Monate vor seiner Erkrankung und weniger als ein Jahr vor seinem Tod, mitten in der Downgrade-Kontroverse. Er konnte nicht wissen, dass er zum letzten Mal vor seinen geliebten Schülern am Pastors' College, am Predigerseminar, stand, doch seine klaren und starken Worte über die Zuverlässigkeit und die Kraft der Bibel, über den sicheren Erfolg der Gemeinde Jesu und die Macht des Heiligen Geistes waren damals genau das Richtige – und es scheint, dass sie auch heute genau das Richtige sind.»

Mark Dever
Pastor der Capitol Hill Baptist Church, Präsident von 9Marks, Washington D.C.

«Kein Buch von C.H. Spurgeon hat es nötig, eigens gelobt zu werden. Doch muss jede Generation von Christen aufs Neue in den Dienst eingeführt werden, und diese sprühende und aufrüttelnde Predigt wird den Erwartungen sicher gerecht. Inmitten der Selbstgefälligkeit, Kompromissbereitschaft und Konfliktscheu im evangelikalen Lager unserer Zeit brauchen wir dringend eine solche Verkündigung. Dies ist vielleicht der aufrüttelndste Ruf zu den Waffen des Evangeliums, den Sie jemals zu hören bekommen haben. Sollten Sie ihn lesen können, ohne in der Tiefe berührt zu werden, dann empfehle ich Ihnen dringend, geistliche Hilfe in Anspruch zu nehmen.»

Jonathan Stephen
Rektor der Wales Evangelical School of Theology, Bridgend, Wales

«Niemand sagt es so wie Spurgeon. Spurgeon, der hier im vollen Fluss die bedrängenden Fragen seiner Zeit anspricht, ist ein eindrückliches Beispiel für ein Herz, das von der Herrlichkeit Gottes und für die Herrlichkeit Gottes brennt. Spurgeon hat uns viel zu sagen, und wir haben viel zu lernen. Eine ausgezeichnete Gelegenheit, damit anzufangen.»

Steve Timmis
Direktor des Acts 29 Network in Westeuropa

«Das *Finale Manifesto* von Charles Spurgeon ist wie William Gurnalls *The Christian in Complete Armor* weniger ein Vorbild für die exegetische Predigt als ein lebhaftes und biblisches Stück Theologie. Es beschreibt das vom Evangelium durchdrungene Leben der Gemeinde Jesu im Allgemeinen und dem Christen, der Jesus Christus treu dienen und ‹in der Welt›, aber ‹nicht von der Welt› sein will, im Besonderen. Einmal mehr hat Christian Focus [der englische Verlag] uns etwas in die Hand gegeben, um den Missionsbefehl unseres Retters zu erfüllen: ‹Machet zu Jüngern …›»

Harry Reeder
Pastor of Preaching & Leadership, Briarwood Presbyterian Church, Birmingham, Alabama

«Dieses Buch war für Spurgeons Schüler, was der zweite Timotheusbrief für Timotheus war – ein Vermächtnis pastoraler Weisheit. Hier sehen wir das Herz dieses Fürsten unter den Predigern, wie er die jüngere Generation instruiert und inspiriert, sich in den Kampf um persönliche Heiligung, leidenschaftliche Evangelisation und Treue zum Wort Gottes zu begeben. In diesem Buch geistlicher Motivation erhebt der immer wortgewaltige Mr. Spurgeon seine Stimme wie nirgends sonst. Ich konnte nicht anders, ich habe es in einem Zug durchgelesen.»

Rick Holland
Leitender Pastor, Mission Road Bible Church, Kansas City

«Eine Maus sammelte mehrere Mäuse um sich und sagte ihnen: ‹Darf ich euch einen Elefanten vorstellen? Was da rechts von uns aussieht wie ein Baumstamm, ist eines seiner Beine, er hat vier davon, und alle sind so wie dieses. Seine Nase ist insgesamt dreißig Mauslängen lang. Seine Haut ist so zäh, dass wir uns daran die Zähne ausbeißen würden. Wenn er trompetet, platzt uns das Trommelfell. Er ist so riesig, dass ich nicht sehen kann, wo sein Kopf aufhört. Passt also auf und kommt diesem außerordentlichen Wesen nicht in die Quere; erweist ihm Respekt und tretet zur Seite, wenn er des Weges kommt, denn wir sind so winzig, dass er uns gar nicht bemerken würde. Aber er wird uns nie willentlich etwas zuleide tun. Er frisst Gras und Blätter. Er ist gutmütig und freundlich. Das ist der Elefant, der König des Dschungels.›

Eine Maus stellt den Elefanten vor – so ist es, wenn heute ein Prediger gebeten wird, ein Buch von Charles Haddon Spurgeon zu empfehlen. Wir können seinem Ruhm nichts, aber auch gar nichts hinzufügen. Er ist einfach ein unschlagbarer Riese in seinem Predigen und seiner Energie, in Sachen Herzensgröße, Großzügigkeit und Humor, in seiner Liebe zu Gott, seinem Unterscheidungsvermögen und seiner Weisheit. Lesen Sie von ihm, was Sie wollen – diese Predigten kurz vor seinem Lebensende eignen sich als Einstiegslektüre genauso gut wie jede andere seiner Schriften, um einen wahren Riesen Gottes kennen zu lernen. Und hören Sie nie auf, Spurgeon zu lesen.»

Geoff Thomas
Pfarrer an der Alfred Place Baptist Church,
Aberystwyth, Wales

Charles Haddon Spurgeon

Finales Manifesto

*Der letzte große Kampf
der Menschheit*

Bibliografische Information der Deutschen Nationalbibliothek
Die Deutsche Nationalbibliothek verzeichnet diese Publikation in der
Deutschen Nationalbibliografie; detaillierte bibliografische Daten
sind im Internet über www.dnb.de abrufbar.

Die Bibelstellen wurden, soweit nicht anders angegeben,
folgenden Übersetzungen entnommen:
Revidierte Elberfelder Bibel
© 1985, 1991, 2008 SCM R. Brockhaus, Witten
Hoffnung für alle © 1983, 1996, 2002 Biblica, Inc.®,
hrsg. von Fontis – Brunnen Basel
Lutherbibel © 1984 Deutsche Bibelgesellschaft, Stuttgart
Schlachter-Bibel © 2000 Genfer Bibelgesellschaft

Dieses Buch erschien zuerst im Englischen unter dem Titel:
«The Greatest Fight in the World»
Copyright © 2014 by C.H. Spurgeon
Christian Focus Publications, Ltd.
Geanies House, Fearn, Ross-shire,
IV20 1TW, Schottland, Großbritannien.
www.christianfocus.com
Übersetzt von Gabriele Pässler, Görwihl

Copyright der deutschen Ausgabe:
© 2015 by Fontis – Brunnen Basel

Umschlag: spoon design, Olaf Johannson, Langgöns
Foto Umschlag: Dundanim/Shutterstock.com
Satz: InnoSet AG, Justin Messmer, Basel
Druck: CPI – Ebner & Spiegel, Ulm
Printed in Germany

ISBN 978-3-03848-041-9

Inhalt

Zu Charles Haddon Spurgeon 11

Vorwort von Tom Nettles:
Was wir Spurgeon verdanken 13

Spurgeons finales Manifesto:
Kämpfe den guten Kampf des Glaubens! 37

1. Unsere Rüstkammer 45

2. Unser Heer 105

3. Unsere Kraft 127

Anmerkungen 157

Zu Charles Haddon Spurgeon

Die Eltern Spurgeons waren Mitglieder einer Freikirche. Seinen entscheidenden Anstoß, sich dem christlichen Glauben zuzuwenden, bekam Spurgeon als 15-Jähriger in einer methodistischen Gemeinde in Colchester. Er forschte nachher in der Bibel und kam zu dem Schluss, dass nach dem Neuen Testament die Taufe dem persönlichen Glauben nicht vorangehe, sondern dem Glauben folgen müsse. Er ließ sich deshalb am 3. Mai 1850 in einer Baptistengemeinde taufen. Bereits ein Jahr später wurde er zum Baptistenpastor berufen. 1854 trat er eine Predigerstelle in London an.

Sieben Jahre später war seine Gemeinde, die New Park Street Baptist Church, so sehr gewachsen, dass eine neue Kirche, der Metropolitan Tabernacle, mit über 5000 Sitzplätzen gebaut werden musste. Seine Predigten wurden stenografiert, wöchentlich verkauft und später in viele Sprachen übersetzt. Ab 1855 wurden seine Predigten in Zeitschriften, Traktaten und Büchern weltweit verbreitet. Wöchentlich erschienen neue Spurgeon-Predigten. 1856 begann Spurgeon mit der systematischen Ausbildung von Pastoren am von ihm gegründeten Pastors' College. Von 1866 bis 1879 baute er das Stockwell Orphanage auf, eine Betreuungseinrichtung für Waisenkinder.

Am 8. Januar 1856 heiratete Spurgeon Susannah, Tochter von Robert Thompson. Der Ehe entstammen zwei Söhne (Zwillinge), Charles und Thomas (geboren am 20. September 1856).

Sein Altersbekenntnis lautete: *«Meine ganze Theologie ist auf vier Worte zusammengeschrumpft: Jesus starb für mich!»* Obwohl er durch und durch Missionar war, hielt er an der calvinistischen Prädestinationslehre fest. Ebenso war er der tiefen Überzeugung, dass die gesamte Bibel verbal inspiriert sei.

(Quelle: Wikipedia)

Vorwort von Tom Nettles

Was wir Spurgeon verdanken

Spurgeon starb mit 57 Jahren am 31. Januar 1892. Zweiundvierzig Jahre lang hatte er vollzeitlich im Reich Gottes gedient, als Prediger des Evangeliums. Davon verbrachte er 38 Jahre unter den wachsamen Augen theologischer und kirchlicher Experten aller Art. Manche hielten ihn für einen Schandfleck der Kanzel. Andere sahen in ihm einen überirdisch Begnadeten, der sich der Flut des Unglaubens mutig entgegenstellte und der schleichenden religiösen Geschmacklosigkeit Abhilfe schaffte, die in der englischen Christenheit um sich griff.

Für die säkulare Presse, die ihn offensichtlich bewusst niedermachen wollte und sein Ansehen mit ihrem Trommelfeuer ständig zu durchlöchern suchte, war es nie schwierig gewesen, Stoff für eine gute Story zu finden – sie brauchte nur einen Reporter in eine Spurgeon-Predigt zu schicken.

Schließlich drängte ihn seine eigene Denomination

auf dem Wege abnehmender Körperkraft und emotionaler Überbeanspruchung ins kühle, ruhige Grab. Im trauten Verein mit Gicht und Nierenentzündung beschleunigte die Downgrade-Kontroverse[1] den körperlichen Verfall Spurgeons. Schon seit vielen Jahren hatte er immer wieder im französischen Menton Erleichterung und Genesung gesucht, um den Kampf fortzuführen; einen Kampf, der für ihn der *größte Kampf der Weltgeschichte* war.

Den geistlichen Abfall thematisierte Spurgeon bereits 1887 in einer Artikelserie in seinem Magazin «The Sword and the Trowel» (dt. Das Schwert und die Kelle). Das führte zu einem Protestschrei der Leiter des Baptistenbundes; sie verlangten eine Differenzierung seiner Anklagen, um nicht die ganze Denomination in Misskredit zu bringen. Unter den Protestierenden waren Männer, die wohl wussten, dass Spurgeon recht hatte. Sie konnten auch selbst auf diese Abweichungen hinweisen – bei sich und bei anderen.

Diese unaufrichtige Reaktion brachte Spurgeon zu der Überzeugung, dass er viel zu lange gezögert hatte, diesem Übel den Kampf anzusagen. Im Oktober 1887 verließ er den Baptistenbund. Anfang 1888 erhielt er von der Bundesleitung eine offizielle Zurechtweisung, weil er den theologischen Niedergang im Bund öffentlich thematisiert hatte, ohne dies ausreichend zu belegen. Als der Bund im April 1888 ein offensichtlich zweideutiges Glaubensbekenntnis mit zweitausend zu sieben Stimmen annahm, war Spurgeons Hoffnung auf Reformen kläglich gescheitert.

Zu der Zurechtweisung bemerkte Spurgeon: «Den Mann [Spurgeon], mit dem sie sich erklärtermaßen in Wahrheit, in Liebe und guten Werken beraten wollten», hätten sie schließlich «hinterfragt und verurteilt». Er fragte, ob diese Resolution der Bundesleitung «die Meinung des Baptistenbundes» sei, und antwortete selbst: «Das glaube ich nicht.» Den Beschluss der Leitung kommentierte Spurgeon so: «Es scheint, dass ihre Resolution ebenso unverständlich ist wie ihre Lehrmeinung undefinierbar.»

Diese Wendung der Ereignisse sollte niemanden zu der Vorstellung verleiten, dass Spurgeon seine «Proteste gegen falsche Lehre einstellen oder das Schwert niederlegen» würde, «dessen Scheide ich weggeworfen habe». Er beschloss auch, «nie aufzuhören, den Abfall in der Lehre anzuprangern, wo immer ich ihn antreffe. Mit dem Baptistenbund als solchem habe ich nun keine hinderliche Verbindung mehr. Aber insofern er an diesem allgemeinen Abfall von der Wahrheit teilhat, wird er sich meiner scharfen Kritik stellen müssen, auch wenn er mich unter dem Vorwand reiflicher Erwägung gnädiglich hinausgeworfen hat.»

«Auf der Basis einiger großer Wahrheiten»

Spurgeon nannte den Baptistenbund einen «Bund ohne Basis». Die Zurechtweisung war eine Reaktion auf Spurgeons Bemühen, dem Irrtum entgegenzutreten, ohne die Verantwortlichen beim Namen zu nennen. Aber er flehte auch darum, dass der Bund durch eine Bekenntnisschrift, die den alten bibeltreuen Glauben festschrieb, auf eine solide Grundlage gestellt werden sollte.

Spurgeon erklärte, er sei «außerstande, Verständnis aufzubringen für einen Menschen, der von sich sagt, er hätte keine Prinzipien». Im Gegensatz zu den starken Tagen der Anfänge hatte der Baptistenbund nur noch den dogmatischen Eckpfeiler eines allgemeinen Glaubens an die Wassertaufe von Gläubigen durch Untertauchen. In dem Klima, das die aggressive Bewegung der «Fortschrittlichen Theologie» geschaffen hatte, fand Spurgeon dies so beunruhigend wie absurd.

«Wie können wir uns einigen außer auf der Basis einiger großer, allgemein anerkannter Wahrheiten? Die Doktrin der Taufe durch Untertauchen ist dafür nicht ausreichend. Es ist doch zu wenig, einfach nur Baptist zu sein. Wenn ich mit jemandem in neunundneunzig Punkten anderer Meinung bin, aber in der Tauffrage zufällig mit ihm übereinstimme, kann das keine solche Basis für Einheit sein, wie wenn ich mit jemandem in neunundneunzig Punkten übereinstimme und nur eine Frage anders sehe. Eine Vereinigung zu bilden auf der Grundlage einer einzigen biblischen Anweisung als alleiniger Existenzberechtigung, das ist, als wollte man eine Pyramide bauen, die mit der Spitze auf der Erde stünde – früher oder später muss das ganze imposante Bauwerk einstürzen. Ich zögere nicht zu bekennen, dass ich überzeugt bin, dass die Taufe der Bibel durch das Untertauchen Gläubiger geschieht, aber daneben gibt es weitere Wahrheiten; und ich kann nicht allein aus diesem Grund Gemeinschaft pflegen mit jemandem, der in anderen Fragen den Lehren der Heiligen Schrift widerspricht.»[2]

Spurgeon musste feststellen, dass seine Gegner lernten, mit Worten «eine Absicht eher zu verbergen, als ihr Ausdruck zu verleihen», und so fragte er sich, ob man tatsächlich «einen Lehrsatz so formulieren kann, dass er möglichst unbrauchbar ist».³

Dieser Verdacht sollte sich bald bestätigen. Für ihn völlig überraschend beschloss die Bundesleitung auf Drängen baptistischer Freunde Spurgeons im April 1888, ein Glaubensbekenntnis zu verabschieden. Das Ergebnis vergrößerte Spurgeons Besorgnis nur noch. Die Einheit des Baptistenbundes schien gerettet zu sein, dank der Kunst subtiler Zweideutigkeit. Aber Spurgeon durchschaute das Manöver.

Sein Bruder James hatte für das kurze Bekenntnis gestimmt in der Meinung, es diene Spurgeons Rechtfertigung. Dieser kommentierte: «Mein Bruder hat deutlich gemacht, dass er ganz auf eigene Verantwortung gehandelt hat. Die Zeit war um, und er musste entscheiden, ohne sich mit irgendjemandem beraten zu können. Seine Entscheidung kompromittiert weder mich noch sonst irgendjemanden. Natürlich wäre es mir zehntausendmal lieber, ihm zuzustimmen als anderer Meinung zu sein. Da ich es aber bin, unternehme ich nur das, was ich ohne Entzweiung der Herzen tun kann. Wir beide ziehen mit ganzer Kraft an ein und demselben Strang.»⁴

Spurgeons Bestürzung nahm noch mehr zu, als er feststellen musste, dass die spärlichen Aussagen des Bekenntnisses für den einfachen Gläubigen zwar leicht zu akzeptieren waren, aber der Gesamtzusammenhang und die Feinheiten keinerlei Lösung zuließen. Er musste es lesen «im Lichte der Bemerkungen, die in der Bundesleitung gemacht wurden» (über die er informiert worden war), sowie auf dem Hintergrund seiner persönlichen Erfahrungen mit einigen der Verfasser und einer belastenden Fußnote, die den Interpretationsspielraum einiger entscheidender Formulierungen bedeutend erweiterte. Deshalb schrieb er, er sei «nicht sicher, ob uns ein wahrer Frieden bevorsteht oder ob zwei Parteien, die sich so außerordentlich voneinander unterscheiden, sich jemals erfolgreich vermischen können».[5]

Die Basis der Predigerseminar-Konferenz

In eben demselben Jahr, 1888, zwangen die Lehrstreitigkeiten Spurgeon, die Glaubensbasis seiner eigenen Predigerseminar-Konferenz neu zu definieren. Lehrpositionen, die Spurgeon als für das wahre Christentum tödlich ansah, wurden von seinen eigenen Absolventen toleriert – und diese Einstellung hatte auch einige der angesehenen Teilnehmer dieser Konferenz infiziert.

«Der schlechte Sauerteig», schrieb er, «hat einige wenige von denen beeinträchtigt, die an unserem Seminar ausgebildet worden sind.»[6]

Bei dem Versuch, sie auszuschließen, wurden weitere Sympathisanten aufgedeckt. Etwa hundert von ihnen unterschrieben «einen milden Protest» gegen Spurgeons Versuch, die theologische Grundlage der Konferenz klar und bestimmt zu definieren. Statt Einmütigkeit zu erzielen, verursachte diese Spaltung unter seinen eigenen Leuten «die schlimmste Wunde überhaupt».

C.A. Davis, ein führender Kopf der Opposition, erhielt am 18. Februar 1888 einen flehentlichen Brief, in dem Spurgeon ihm erklärte, sein Protestversuch sei ein «sinnloser Konflikt», und dass er bereits «bis an den Rand des Erträglichen schon alles an Bitterem erlebt» habe.

Spurgeon erklärte seine Vorgehensweise: Er würde sein Amt als Präsident der Konferenz niederlegen, die Konferenz auflösen und sie auf einer breiteren Lehrgrundlage neu formieren.

Ein «Ja» zur Bestätigung dieses Vorgehens hätte gleichzeitig eine Billigung dieser theologischen Basis der Konferenz bedeutet. Die unumgängliche Folge wäre die Gründung einer neuen Konferenz gewesen. Dass Davis dagegen vorging, hat nach den Worten Spurgeons «mir größten Kummer bereitet und mich zu dieser Entscheidung gezwungen».[7]

Dass einige seinen Motiven und seiner Vorgehensweise misstrauten, verwunderte ihn nicht; inzwischen war so viel Staub aufgewirbelt worden, dass nicht einmal ein Erzengel hätte mehr klar sehen können. Trotzdem hoffte er immer noch, dass sich die Atmosphäre wieder klären würde. Nachdem die meisten Stimmen eingegangen waren, schrieb Spurgeon an alle:

> Es ist kein kleiner Trost, dass fast vierhundert mit einem klaren Ja gestimmt haben, und die Freude wird noch größer, wenn auf diese Erklärung hin noch viele von Ihnen es diesen gleichtun. Bei Ihrer Liebe zu mir flehe ich Sie an: Tun Sie nichts, was Sie nicht von ganzem Herzen tun könnten. Getrennt, aber in offenherziger Ehrlichkeit, können wir einander mehr Gutes tun, als wenn wir mit unterdrücktem Widerwillen beieinander sind.
>
> Es ist mir eine Freude gewesen, Ihnen zu dienen, und ich hoffe, dass ich auch weiterhin dieses Vorrecht haben werde. Aber wir können nur nach den

Linien des alten Evangeliums zusammenarbeiten. Wenn einige von Ihnen verliebt sind in ‹fortschrittliches Denken›, warum wollen Sie dann noch bei solch einem alten Kauz bleiben, wie ich einer bin? Gehen Sie Ihren Weg, und lassen Sie mich einen starrsinnigen alten Mann sein. Möge ich Gegenstand Ihres Mitleids sein, nicht aber Ihrer Feindschaft, denn ich habe mich gemüht, Ihnen allen mit meinem Licht und meinen Fähigkeiten nützlich zu sein.

Die Gnade unseres Herrn sei mit den Treuen unter Ihnen und leite Sie, ungeteilt und kühn auf des Herrn Seite zu stehen in diesen Tagen, da die Menschen die gesunde Lehre nicht mehr ertragen können! Herzlich, aber in großem Kummer, gemengt mit hoffnungsvoller Liebe,

Ihr C.H. Spurgeon

Schließlich stimmten 432 von 496 für die neue Glaubensbasis. Einige der Gegner protestierten weiterhin gegen Spurgeons Vorgehen, andere drohten, «ihren Weg in unsere Versammlung zu erzwingen, obwohl sie von dem Glauben abgewichen sind, an dem wir festhalten».[8] Doch war es für ihn eine Ermutigung, dass die

Verbliebenen «weiter vorangehen mit größerer und gewisserer Zuversicht zu Gott». Das Seminar und seine Männer sollten ein «starker Damm sein, der der einbrechenden Flut der Lüge fest widersteht».[9] Im Prozess der Erneuerung der Konferenz förderte Spurgeon daraufhin einige kampferprobte Waffen zutage.

Inmitten all dieser Lehrstreitigkeiten veröffentlichte Spurgeon eiligst eine Ausgabe von Louis Gaussens *Théopneustie*. Wie er bereits in seinen «Downgrade»-Artikeln argumentiert hatte, glaubte er fest, dass bei näherer Betrachtung die Schwierigkeiten im Baptistenbund und in der Seminar-Konferenz mit dem Hinterfragen der göttlichen Inspiration der Schrift begonnen hatten. In einigen Ausführungen über «Inspiration» bemerkte Spurgeon, die Kernfrage in den Auseinandersetzungen zwischen Bekenntnistreuen und Vertretern der «fortschrittlichen Theologie» sei allein die «wahre und wirkliche Inspiration der Heiligen Schrift».

Spurgeon gebrauchte strategische militärische Bilder, wenn er den Konflikt die «Thermopylen[10] des Christentums» nannte. «Wenn wir im Wort Gottes keinen unfehlbaren Standard der Wahrheit haben, sind wir Seefahrer ohne Kompass.» Diese gefährliche Reise sollte uns dazu veranlassen, «keinerlei Gemeinschaft mehr zu haben mit dem Erroristen [Irrenden], der sich über die Propheten und Apostel hinwegsetzt und damit seine eigene Inspiration höher achtet als die ihrige». Er kannte diese Taktik aus der Kirchengeschichte, und er spürte sie in den Spitzen, die auf ihn gerichtet waren.

«Die bewährte Methode dieses bunten Treibens des Unglaubens ist, die Bibel nicht pauschal abzulehnen, sondern Teile davon in Zweifel zu ziehen und die Inspiration insgesamt zu hinterfragen. Wer an der Unfehlbarkeit der Schrift festhält, den bezichtigen sie der ‹Bibliolatrie›[11]. Dabei beteuern sie, sie würden nicht das Buch anbeten, sondern verehrten dessen Autor.»[12]

So schien Gaussens Buch sowohl in die Zeit als auch zum Thema zu passen. Sein Autor war Teil einer nicht unbeachtlichen theologischen Erneuerungsbewegung unter den französischen und französischsprachigen reformierten Theologen in der ersten Hälfte des 19. Jahrhunderts gewesen, die an der Unfehlbarkeit der Schrift festhielten.

Für Spurgeon waren die Dynamik und die Probleme, mit denen er zu tun hatte, «dem, was vor fünfzig Jahren in Genf vorherrschte, so traurig ähnlich», dass er das Buch «neu herausgab in der aufrichtigen Hoffnung, dass es das Flackernde stärke und das Umherirrende zurückgewinne».[13] Spurgeon suchte neuen Samen zu säen und die Ernte früherer Saatzeiten zu bewahren.

Als Ergebnis dieses Bewahrens wurde die «Pastor's College Evangelical Association» gegründet. In einer so aufgeregten Zeit war es schwierig geworden, niemanden zu beleidigen, selbst wenn man die Worte auf die Goldwaage legte. Spurgeon beobachtete: «Ganz sicher hat meine Kritik mir selbst mehr Schmerzen zugefügt als irgendjemand anderem.»[14]

Er trennte klar zwischen der Person und der Sache, wenn er über die «Übel der heutigen Zeit» sprach. Engagiert, wie er war, sprach er vom Angriff auf grundlegende Wahrheiten wie die Autorität der Schrift und die Rechtfertigung durch Glauben. Er legte seinen Finger auf die falschen Darstellungen und Verzerrungen der Wahrheit, zum Beispiel auf die des «kommenden Zorns».

Angesichts des kurz bevorstehenden Treffens des Baptistenbundes sprach Spurgeon auch vom Übel der Verzögerung einer «Entscheidung für die Wahrheit unter wahrlich guten Männern» – diese Brüder im Herrn Jesus konnten sich nicht dazu entschließen, sich vom Irrtum zu distanzieren.

«Unersättliche Gier nach Unterhaltung»

Spurgeon ermutigte seine Männer, sich lieber beschimpfen und verspotten zu lassen, als dem Herrn untreu zu werden.

Ein anderes Übel der Zeit war die «unersättliche Gier nach Unterhaltung». «Innerhalb angemessener Grenzen», gestand Spurgeon zu, «ist Erholung notwendig und gewinnbringend. Aber es war nie der Auftrag der Kirche, der Welt Unterhaltung zu bieten.»[15] Im Gottesdienst hätten weder die «Reise nach Jerusalem» noch das Kasperletheater etwas zu suchen.

Bei solchem Etikettenschwindel sei es nicht verwunderlich, dass es «in vielen Gemeinden an tiefer Frömmigkeit mangelt». Man halte keine Hausandacht mehr, Gebetsversammlungen seien schlecht besucht, Bankette und Konzerte dafür umso beliebter – das zeige doch, welchem Gott viele Gemeindeglieder und geistliche Diener in ihrer oberflächlichen Frömmigkeit (wenn sie denn überhaupt vorhanden war) dienten.

Ein Irrtum zeuge den nächsten, und der eine ernähre sich dann vom anderen. Fehlende Frömmigkeit wünsche sich keine frommen Prediger; unfromme Prediger aber ließen die Frömmigkeit weiter zurückgehen. Den

Gemeindegliedern scheine es gleichgültig zu sein, ob der Prediger wirklich gläubig sei, Hauptsache er sei clever. Der Inhalt seiner Verkündigung sei zweitrangig, wenn nur die Leute kämen, um ihn zu hören, oder, bitte, die *Elite*. «Man könnte meinen, sie suchen einen Zauberkünstler und nicht einen Pastor.» Gleichgültig der Wahrheit gegenüber und über den Irrtum großzügig hinwegsehend, glühten sie vor Bewunderung, «wenn er nur zungenfertig ist und seinen Ruf als guter Redner aufrechterhalten kann.»[16]

Spurgeon fand die Gesellschaft im Allgemeinen weniger geneigt, sich ernsthaft mit geistlichen Angelegenheiten zu befassen. Dazu trügen zwei Phänomene aus unterschiedlicher Richtung bei. Einerseits würden viele Evangelikale statt der nüchternen Lehre «Gefühlsduselei» beim Lobpreis bevorzugen. «Es ist wie beim Likör: Erst nimmt man wenig, dann will man immer noch mehr. Der Durst nach Begeisterung nimmt zu.»

Andererseits hätten die Prediger den Zweifel gelobt. So habe man allgemein vor dem Unglauben kapituliert. «Die Prediger haben es geschafft. Sie haben die Leute aus ihrem Glauben an die Heilige Schrift hinausgepredigt; sie haben sie zu Zweiflern gemacht. Satans gerissenster Diener ist der Prediger des Evangeliums, der nicht nur selbst an der Wahrheit zweifelt, sondern durch sein Kritisieren, seine feinen Spitzen und flapsigen Bemerkungen in seinen Zuhörern Zweifel sät und nährt.»

Für Spurgeon war es eine Art vorsätzlichen Mordes, wenn man «geistliche Ausdrücke ihrer Seele beraubt und dann weiterhin gebraucht». Es schmerzte ihn zutiefst, wenn Prediger «lieber der Wahrheit nachjagen, als sie zu kennen», und es war ihm ein Trost zu wissen, dass ihre Beute «ihnen allezeit entkommen» würde.[17]

Fischerboot, nicht Luxussegler

Er erinnerte die neu konstituierte Konferenz daran, dass ihr «Hauptziel ist, Gott zu verherrlichen». Ihr Hauptgeschäft sei nicht, «Sünder zu bekehren oder die Heiligen zu erbauen, sondern Gott zu verherrlichen». Wenn sie wahrheitsgemäß predigten und sich niemand bekehre, seien sie für Gott immer noch ein Wohlgeruch Christi. «Das Opfer Jesu hat die Welt für einen heiligen Gott annehmbar gemacht, und wenn man dieses Opfer predigt, ist das für ihn ein Vorgeschmack von Ruhe.»

Auch in rauen Zeiten sollten sie daran denken, dass sie Fischer seien und nicht auf einer Yacht segelten. Sie sollten immer darauf bedacht sein, sich zu verbessern, und sich nicht durch Vergleiche mit anderen trösten, die weniger gute Arbeit machten. Es sei ein seltsamer, ja perverser Trost, wenn jemand einem sage, anderen ginge es noch schlechter. Sie müssten mehr lieben, damit sie sich ernsthafter bemühten, Sünder vor dem kommenden Zorn zu retten.

Obwohl sie in finanzieller Hinsicht vom «beständigen Opfer» lebten, müssten sie sich vornehmen, sich nicht auf ihrer hohen Berufung auszuruhen, sondern Arbeiter zu sein und keine Faulenzer. Sie verzichteten auf irdische Annehmlichkeiten; dazu müsse sich der Verzicht auf Billigung gesellen: «Im Kampf um die Wahrheit lasst Behaglichkeit und Ansehen fahren.» [18]

Zu den besonderen Anforderungen ihres einzigartigen Dienstes gehöre, dass sie sich selbst hingeben müssten und ihre Zuhörer auf unabänderliche und unvergängliche Realitäten gründeten. «Ich fürchte», schrieb Spurgeon, «die Vorstellungen, die manche Männer vom geistlichen Dienst haben, sind ebenso sehr im Niedergang begriffen wie ihre Lehre.» [19]

Es müsse Priorität haben, dass die Hörer den grundlegenden Wahrheiten mit Aufmerksamkeit zuhörten. Auch müssten sie darauf achten, «gezielt auf die sofortige Errettung ihrer Zuhörer hinzuwirken». Folgerichtig drängte Spurgeon darauf: «Schärfen wir ihnen mit ganzer Kraft Heiligung ein.» Heiligung bezeichnete er als «die sichtbare Seite der Errettung».

Wenn die Verkündigung des Evangeliums das Streben nach Heiligung einschloss, dann sollten sie als Ausdruck ihrer Liebe zum Herrn und ihrer Wertschätzung der Seelen der Menschen «sorgfältig prüfen, wer als Mitglied in die Gemeinde aufgenommen wird». Dazu gehöre auch der Aspekt der Verwalterschaft, sich «von solchen zu trennen, die eurem geistlichen Leben wahrscheinlich Schaden zufügen würden».

Spurgeon erklärte, er würde «mit einem, der den Glauben verleugnet, nicht mehr Umgang pflegen als mit einem Trunkenbold oder einem Dieb». Man müsse nicht nur auf seine moralischen Werte achten und sie schützen, sondern auch auf die geistlichen.

Im Hinblick auf die Neuorganisation der Konferenz fügte Spurgeon hinzu: «Wir müssen uns enger zusammenschließen und danach trachten, einander zu helfen – und all jenen, die dieselbe Gesinnung im Herrn haben.»[20]

Nach seinen Ausführungen, dass entscheidende Wahrheiten höher zu bewerten seien als Treue zu einer Denomination, bekräftigt Spurgeon diesen Punkt nochmals: «Denominationelle Spaltungen verblassen angesichts der Wahrheit Gottes. Für mich liegt der wesentliche Unterschied nun in der Lehre des Evangeliums, dessen Mitte, dessen Herzstück, das stellvertretende Opfer unseres Herrn ist. Wenn wir sehen, dass treue Brüder zu kämpfen haben, sollten wir alles daransetzen, ihnen zu helfen, denn sie stoßen sicher auf tief verwurzelten Widerstand. Die Liebhaber des alten Glaubens sollten eng zusammenstehen, damit der Opposition die Lust vergeht.»[21]

Am Schluss seiner ersten Botschaft an die lehrmäßig gestärkte Konferenz des Predigerseminars erinnerte er daran, dass es schon früher Zeiten des Niedergangs und der Opposition gegeben habe, aber Gott würde seine Wahrheit schützen und aufrichten. Doch dafür müssten sie Männer des Gebets sein. «Gebet ist die Hauptwaffe.» Nicht jeder könne diskutieren und argumentieren, aber jeder könne beten. Nicht jeder könne Leiter sein, aber jeder ein Beter. Nicht jeder sei ein mächtiger Redner, aber jeder könne beharrlich sein im Gebet. Es sei besser, mit Gott im Gespräch zu sein als sprachgewandt vor Menschen. «Im Gebet haben wir Verbindung mit dem Ewigen, dem Allmächtigen, dem Unendlichen, und deshalb ist es unsere erste Zuflucht.»[22]

Spurgeons Vermächtnis

Diese bedrückenden Enttäuschungen innerhalb so weniger Monate hatten Spurgeons Entschlossenheit geweckt, seinen Männern, die sich erst kürzlich zur Treue verpflichtet hatten, alles vorzulegen, was er für eine gute Ausführung des geistlichen Dienstes wichtig hielt: Rechtgläubigkeit in der Lehre und Aufrichtigkeit; Heiligung; Eifer um die Gemeinde und um ihre Reinheit, das ernsthafte Begehren, Sünder zu retten; sowie die persönliche Zeit mit dem Herrn – alle diese Elemente müssten in einem Prediger des Evangeliums in einem ausgewogenen Mischungsverhältnis vorhanden sein.

1891 stellte Spurgeon seine Tätigkeit in seinem «Tabernakel» (einem Versammlungssaal mit 5500 Sitz- bzw. 10.000 Stehplätzen) ein, ebenso sein Engagement am Predigerseminar und an der Konferenz. Die erste «Sword and Trowel»-Ausgabe in jenem Jahr begann mit einem Artikel, den er mit «The Present Crisis» (dt. Die gegenwärtige Krise) überschrieben hatte. Dieses Klagelied ist überschattet von dem Gefühl, im Moment besiegt und verwundet zu sein, aber doch ungebeugt und zuversichtlich, dass die Wahrheit wieder aufsteht und das Volk Gottes dann fester im Griff haben wird als je zuvor.

Nachdem er die ungeheuren Kompromisse in allen Gesellschaftsbereichen beleuchtet hat, seufzt Spurgeon: «Die Religion selbst, des mühsamen Fortschritts müde geworden, betrachtet ihre heiligen Skrupel als lästigen Ballast und übernimmt die Methoden der Welt; ihre Lehrtätigkeit dient dieser fortschrittlichen Generation nur noch als Sehenswürdigkeit wie eine Festung aus der Antike.»[23]

Die Opposition, seicht, überheblich, verächtlich und kurzlebig, wie sie eben sei, sei der unverschämten Überzeugung, den alten Glauben durch ein bloßes höhnisches Grinsen erledigen zu können. «Einige von uns», gab Spurgeon zu, «lassen sich über die Maßen quälen durch etwas, was andere leichtfertig von sich geben.»[24] Diese Taktik scheine im Augenblick den Sieg davonzutragen: «Neue Lehren und neue Methoden martern den Frieden der Gemeinden, die seit vielen Generationen an dem einmal gefundenen Glauben festgehalten haben. Die Eindringlinge kamen frevlerisch und widerrechtlich – aber was macht das schon? Proteste nützen nichts; sie werden gewöhnlich mit einem höhnischen Grinsen quittiert. Wo Verachtung kaum angebracht sein dürfte, tut man, als träfe man eine Vereinbarung, um eine verhängnisvolle Diskrepanz zuzudecken – so gibt man die Gelegenheit, der Wahrheit in den Rücken zu fallen.»[25]

Allerdings hielt Spurgeon auch in der finstersten Stunde an seiner Zuversicht fest, dass Gottes offenbarte Wahrheit über eine unverwüstliche Widerstandsfähigkeit verfüge und dass Gott entschlossen sei, sie in den Herzen seines Volkes zur Geltung bringen: «Wenn die Herrscher der Stunde dem viel erduldenden Volk nicht mehr den Mund verbieten können, gibt es eine Rückkehr zum früheren Glauben, und dann werden sie stärker als zuvor daran kleben.»

Könnte es sein, dass Spurgeons Vision in unserer Zeit Fleisch und Blut annimmt, Hand und Fuß bekommt?

Spurgeon schloss seinen Artikel über «Die gegenwärtige Krise» mit einem Aufruf: «Es gibt einen Glauben, der die Heere des Feindes in die Flucht schlägt. Möge jeder von uns diesen Glauben haben.»[26]

Die Botschaft in diesem Buch wurde 1891 gehalten auf der letzten Predigerseminar-Konferenz, an der Spurgeon teilnahm. Sie war sein Schlusswort, sein finales Manifest. Seine wichtigsten Überzeugungen über den christlichen Dienst fasste er in drei Predigten zusammen und stellte sie in den unantastbaren Zusammenhang, in dem dieser letzte große Kampf gekämpft werden muss, um die feindlichen Heere in die Flucht zu schlagen.

Zunächst sprach er über die Rüstkammer und die maßgebliche und einzig effektive Waffe in diesem Kampf – die Heilige Schrift. Dann sprach er über das Heer, diese Körperschaft, die ein Prediger für den ständigen und Mut fordernden Konflikt ausrüsten müsse – die Gemeinde Jesu.

Zuletzt lenkte Spurgeon den Blick auf die Quelle der Kraft, in der die Kämpfer für die Wahrheit zuversichtlich und ausschließlich neue Kraft und frischen Mut fänden, und zu der sie aufsehen müssten, um den endgültigen Sieg zu erringen – den Heiligen Geist.

Mit diesen Ermahnungen, mit dieser vielfältigen Ausrüstung, ruft Spurgeon uns zu: «Willkommen im größten Kampf der Weltgeschichte!»

Tom Nettles

Spurgeons finales Manifesto

Kämpfe den guten Kampf des Glaubens!
1. Timotheus 6,12

Mögen alle Gebete, die bereits emporgestiegen sind, über Bitten und Verstehen und schnell erhört werden! Möge mehr Flehen folgen für das, worüber wir eins geworden sind! Das heilige Konzert des Gebets war das Denkwürdigste in den bisherigen Konferenzen. Und ich vertraue auf Gott, dass wir in dieser Hinsicht nicht abnehmen, sondern in der Fürbitte noch leidenschaftlicher und anhaltender und siegreicher werden. Ein Gläubiger, wenn er auf seinen Knien liegt, ist unbesiegbar.

Seit Monaten habe ich diese Ansprache bewegt, und sie liegt mir sehr am Herzen. Ganz sicher ist sie für mich ein Kind vieler Gebete. Ein Anlass wie dieser ist es wohl wert, dass der Redner sein Bestes tut. Aber ich möchte, wie schon der Bruder gebetet hat, ganz in der Hand des Herrn sein – in dieser Angelegenheit und in jeder anderen. Wenn Gottes Ziele dadurch besser erreicht werden könnten, wäre ich auch bereit, zu stottern und zu stammeln – ja, ich würde mich freuen, alle Sprechfähigkeit zu verlieren, wenn ihr euch, durch menschliche Worte ausgehungert, umso besser mit diesem geistlichen Fleisch ernähren könntet, das allein in dem gefunden wird, der das leibhaftige Wort Gottes ist.

Die Schilde poliert

Ihr seid selbst Redner. Deshalb kann ich euch wohl versichern: Ich bin der Überzeugung, dass wir uns sorgfältig vorbereiten und bestrebt sein sollten, im Dienst unseres großen Meisters unser Bestes zu geben.

Irgendwo habe ich von einer Handvoll kampferprobter Griechen gelesen, die einen Pass verteidigten. Der Perserkönig hatte einen Kundschafter losgeschickt. Dieser berichtete bei seiner Rückkehr, die gefürchteten Verteidiger seien armselige Geschöpfe, denn sie seien damit beschäftigt, ihr Haar zu kämmen. Der Despot sah das anders: Wer vor der Schlacht noch fähig war, seine Frisur in Ordnung zu bringen, der legte großen Wert auf den eigenen Kopf und würde ihn nur teuer verkaufen.

Wenn wir sehr darauf bedacht sind, die ewigen Wahrheiten mit den allerbesten *Worten* zu verkünden, können unsere Gegner daraus schließen, dass wir noch sorgfältiger auf die *Inhalte* der Lehre achten. Angesichts eines großen Kampfes sollten wir unser Äußeres nicht vernachlässigen; das würde uns wie Verzweifelte erscheinen lassen. Furchtlos und unbekümmert um den Ausgang ziehen wir in den Kampf gegen falsche Lehre, Verweltlichung und Sünde. Deshalb sollte unsere Rede nicht die eines zerlumpten Heißsporns sein, sondern von wohldurchdachten Grundsätzen zeugen. Nicht Schludrigkeit ist unser Markenzeichen; wir trachten danach, triumphieren zu können. Leistet gute Arbeit, damit jedermann sehen kann, dass ihr euch nicht davon abbringen lasst.

Der Perser habe bei einer anderen Gelegenheit angesichts einer Handvoll vorrückender Krieger gesagt: «Die paar Männer! Die wollen doch sicher nicht kämpfen!» Doch ein Dabeistehender habe erwidert: «Natürlich kämpfen sie! Sieh nur, sie haben die Schilde poliert, und ihre Rüstung glänzt!» Verlasst euch darauf: Wer sich nicht in Hektik stürzen lässt, sondern einen kühlen Kopf behält, der ist ein ernst zu nehmender Gegner.

Wenn die Griechen einen blutigen Tag vor sich hatten, pflegten sie die ernste Freude des Kriegers zu zeigen und achteten darauf, gut auszusehen. Brüder, wenn wir für Christus Großes zu vollbringen haben und das auch wirklich wollen, dann, meine ich, sollten wir nicht ans Rednerpult treten und einfach den Mund aufmachen und sagen, was uns gerade einfällt. Wenn wir für Jesus sprechen, sollten wir das so gut machen, wie wir nur können.

Doch bei alledem tötet man feindliche Soldaten nicht durch das Glitzern der Schilde oder die Ordnung im Haar des Kriegers. Um einen Panzer zu durchdringen, braucht es eine höhere Macht. Ich schaue auf zu dem Herrn der Heerscharen. Möge er das Rechte verteidigen! Aber ich gehe an die Front, ohne einen einzigen unbedachten Schritt zu tun – auch hat kein Zweifel von mir Besitz ergriffen. Wir sind schwach, aber mächtig ist der Herr, unser Gott, und nicht unser ist der Kampf, sondern des Herrn.

Gut vorbereitet und vertrauensvoll

Nur eines beunruhigt mich: Mein tiefes Gefühl der Verantwortung darf meine Effizienz nicht beeinträchtigen. Man kann so sehr auf Perfektion bedacht sein, dass man gerade deshalb seine Sache nicht so gut machen kann, wie man eigentlich könnte.

Übermäßiges Verantwortungsbewusstsein kann lähmend sein. Ich habe einer Bank einmal einen jungen Büroangestellten empfohlen, und seine Freunde hatten recht, als sie ihn ermahnten, seine Zahlen sehr sorgfältig zu erstellen. Unzählige Male hörte er diesen Rat, und so wurde er extrem vorsichtig – und nervös. Zuvor hatte er akkurat gearbeitet, doch nun machte er vor lauter Anspannung einen Fehler nach dem anderen, und zuletzt verließ er die Stelle wieder. Man kann so sehr damit beschäftigt sein, wie und was man sagen sollte, dass man sich verkrampft und dann gerade die Punkte vergisst, auf die man den größten Nachdruck legen wollte.

Brüder, ich werde hier sehr persönlich, denn wir stehen in der gleichen Berufung. Und da wir die gleichen Erfahrungen machen, tut es uns gut, darum zu wissen. Wir, die wir leiten, haben dieselben Schwächen und Schwierigkeiten wie ihr, die ihr uns folgt. Wir müssen uns vorbereiten, aber wir müssen auch auf unseren Herrn vertrauen, ohne den nichts anfängt, weitergeht oder richtig ans Ziel kommt.

Selbst wenn ich nicht angemessen über mein Thema sprechen sollte, ist es mir ein Trost zu wissen, dass das Thema selbst zu euch sprechen wird. Wenn jemand eine gute Rede hält über ein Thema, das keinem etwas nützt, hätte er lieber geschwiegen. Einer der alten Griechen oder Römer hat einmal gesagt: «Es ist sinnlos, zutreffend über eine Sache zu sprechen, die an sich gar nicht zutrifft.» Verziert einen Kirschkern nach allen Regeln der Kunst, er bleibt doch ein Kirschkern. Dagegen bleibt ein Diamant, auch wenn er schlecht geschliffen ist, immer noch ein Edelstein.

Wenn das Thema von Gewicht ist – mag auch der Sprecher ihm nicht gerecht werden, so hat er doch die Aufmerksamkeit darauf gelenkt, und dann war seine Mühe nicht umsonst. Was wir jetzt bedenken wollen, sollte wirklich bedacht werden, und zwar jetzt. Ich habe aktuelle und dringliche Wahrheiten gewählt, und wenn ihr später noch darüber nachdenkt, ist die Zeit nicht verloren, die ihr dafür aufgewendet habt, meiner Ansprache zuzuhören. Mit welchem innerlichen Feuer bete ich doch, dass wir alle von dieser Stunde der Betrachtung profitieren!

Anschauungsunterricht

Glücklicherweise sind die Themen so beschaffen, dass ich sie mit dieser Ansprache gleich illustrieren kann.

Wie ein Schmied seinen Lehrling ausbildet, *während* er ein Hufeisen macht, ja *indem* er ein Hufeisen macht, so können wir unsere eigenen Predigten zum Anschauungsmaterial machen für die Lehren, die sie enthalten. Auch in diesem Fall können wir ausüben, was wir predigen, wenn der Herr mit uns ist.

Wer das Kochen lehren will, tut das anhand seiner eigenen Rezepte. Er bereitet etwas zu vor den Augen des Publikums, gleichzeitig beschreibt er die Zutaten und erklärt sein Vorgehen, er kostet selbst davon, und auch seine Schüler werden erfrischt. Er mag nicht redegewandt sein, aber seine köstlichen Gerichte geben ihm recht.

Derjenige, der anderen den Teller füllt, kann sich des Erfolgs sicherer sein als derjenige, der sein Instrument gut spielt und bei seinen Zuhörern nur die Erinnerung an Wohlklang hinterlässt. Wenn die Themen, die wir unseren Leuten vorlegen, in sich selbst gut sind, werden es ebendiese Themen leicht wettmachen, falls wir sie nicht so gut darbieten können. Solange unsere Gäste das geistliche Fleisch bekommen, kann die Bedienung gerne zufrieden sein, wenn man sie wieder vergisst.

Der Dreiklang des Lebenswerks

Meine Vorträge haben mit unserem Lebenswerk zu tun, sind mit dem Feldzug gegen Irrtum und Sünde verbunden, auf dem wir uns befinden. Ich hoffe, dass jeder hier das rote Kreuz auf seinem Herzen trägt und sich dazu verpflichtet hat, zu wirken und zu wagen für Christus und dessen Kreuz, und nicht zu ruhen, bis die Feinde Christi ihm zu Füßen liegen und Christus sein Lohn zuteilwird. Unsere Väter pflegten von «der Sache Gottes und der Wahrheit» zu sprechen; hierfür stehen wir unter Waffen, die Wenigen gegen die Vielen, das Schwache gegen das Mächtige. Oh, mögen wir erfunden werden als gute Streiter Jesu Christi!

Jetzt kommt es vor allem auf dreierlei an, darauf ist es schon immer angekommen – und dieser Dreiklang wird naturgemäß auch in Zukunft an erster Stelle stehen: Erstens *unsere Rüstkammer,* das inspirierte Wort Gottes; zweitens *unser Heer,* die Gemeinde Jesu, die Kirche des lebendigen Gottes; drittens *unsere Kraft,* in der wir die Rüstung tragen und das Schwert führen. Der Heilige Geist ist unsere Kraft, zu sein und zu tun, zu leiden und zu dienen, zu wachsen und zu kämpfen, zu ringen und zu siegen. Das dritte Thema ist das wichtigste. Auch wenn wir es zuletzt bringen, hat es doch oberste Priorität.

1

Unsere Rüstkammer

Beginnen wir mit unserer *Rüstkammer*. Für mich – und hoffentlich auch für jeden von euch – ist diese Rüstkammer unter allen Umständen *die Bibel*. Die Heilige Schrift ist für uns wie der «Turm Davids, zum Arsenal erbaut, mit tausend Schilden behängt, allen Schilden der Helden».[27] Wenn wir Waffen brauchen, müssen wir hierherkommen, und nur hierher. Ob wir das Schwert zum Angriff suchen oder den Schild zur Verteidigung, wir müssen es in dem inspirierten Buch finden.

Mögen andere ein anderes Zeughaus haben, ich gestehe es frei heraus: Ich habe keines. Wenn ich nicht in diesem Buch, der Bibel, fündig werde, habe ich nichts mehr zu predigen. In der Tat habe ich keinerlei Bedürfnis zu predigen, wenn ich nicht weiterhin das darlegen darf, was ich auf diesen Seiten finde. Was sonst wäre es wert, gepredigt zu werden? Brüder, die Wahrheit Gottes ist der einzige Schatz, nach dem wir suchen, und die Schrift der einzige Acker, in dem wir danach graben.

Irregeleitete Geister

Wir brauchen nichts außer dem, was Gott für angebracht gehalten hat, es zu offenbaren. Es gibt irregeleitete Geister, die sich nirgends zu Hause fühlen, bis sie in der Ferne sind. Sie verlangen nach etwas, das sie wahrscheinlich nie finden werden, weder oben im Himmel noch unten in der Erde noch im Wasser unter der Erde, solange sie in ihrem momentanen Denken gefangen sind.

Nie kommen sie zur Ruhe, denn eine unfehlbare Offenbarung wollen sie nicht in Betracht ziehen. Deshalb sind sie dazu verdammt, durch Zeit und Ewigkeit zu wandern, und können keine bleibende Stadt finden. Für einen Augenblick mögen sie strahlen wie ein Kind, das sich über ein neues Spielzeug freut, aber in ein paar Monaten ist es ihr Sport, alle die Begriffe kurz und klein zu schlagen, die sie zuvor so sorgfältig aufgebaut und mit Entzücken zur Schau gestellt haben. Sie steigen auf einen Hügel, nur um wieder herunterzukommen.

Sie sagen tatsächlich, die Suche nach der Wahrheit sei besser als die Wahrheit selbst. Das Fischen ist ihnen lieber als der Fisch – und sie mögen recht haben, denn ihre Fische sind sehr klein und haben überaus viele Gräten. Diese Männer sind so gut darin, ihre eigenen Theorien zu zerreißen wie manche Bettler ihre Kleidung. Dann fangen sie wieder von vorn an, unzählige Male – sie sind ständig dabei, die Fundamente ihres Hauses bloßzulegen. Sie sind geübte Anfänger; seit wir sie kennen, haben sie immer nur angefangen.

Sie sind wie etwas Losgerissenes im Wirbelwind oder «wie das ungestüme Meer: Es kommt nicht zur Ruhe, seine Wellen wühlen immer wieder Dreck und Schlamm auf».[28] Ihre Wolke ist zwar nicht die Wolke, die ein Zeichen der Gegenwart Gottes war, doch auch sie geht ihnen beständig voran, und kaum haben sie ihre Zelte aufgeschlagen, ist es schon wieder Zeit, die Pflöcke herauszuziehen.

Sie suchen noch nicht einmal nach Gewissheit. Ihr Himmelreich finden sie in der Flucht vor jeder festen Wahrheit, wenn sie nur jedem beliebigen Gerücht der Spekulation folgen können. Sie lernen immer und können doch nie zur Erkenntnis der Wahrheit gelangen.

Wir aber werfen unseren Anker in den sicheren Hafen des Wortes Gottes. Hier ist unser Frieden, unsere Stärke, unser Leben, unser Antrieb, unsere Hoffnung, unser Glück. Für uns ist das Wort Gottes Gottes letztes Wort an uns. Hier haben wir es. Unser Verstand ruft: «Ich habe es gefunden!», unser Gewissen vergewissert uns, dass hier *die Wahrheit* ist, und unser Herz findet hier einen festen Halt, an dem sich alle seine Empfindungen und Gefühle festklammern können. Hier kommen wir ganz zur Ruhe.

Leinwolltuch und Schaukelpferd

Wenn Gottes Offenbarung unserem Glauben nicht genügen würde, was könnten wir ihr noch hinzufügen? Wer kann uns diese Frage beantworten? Was wollte ein Mensch dem heiligen Gotteswort hinzufügen? Wenn wir nur einen Augenblick darüber nachdächten, würden wir auch die brillantesten Gedanken der Menschen verhöhnen, sollten sie dem Wort Gottes hinzugefügt werden. Der Stoff wäre nicht derselbe.

Würdet ihr Lumpen auf ein königliches Gewand nähen? Würdet ihr den Schmutz der Straße in einer königlichen Schatzkammer aufhäufen? Würdet ihr die Kiesel von der Küste neben die Diamanten von Golkonda legen? Alles, was über das hinausgeht, was das Wort Gottes uns vor Augen stellt, damit wir es glauben und predigen sollten, scheint uns völlig absurd zu sein. Und doch sehen wir uns einer Generation gegenüber, die immer neue Antriebskräfte entdecken will und für ihre Gemeinden ein neues Evangelium zu finden sucht. Die Decke auf ihrem Bett scheint ihnen nicht lang genug zu sein, und sie würden gern beim Unitarier, beim Agnostiker oder gar beim Atheisten einen Meter oder zwei billiges Leinwolltuch leihen.

Nun, sollte es außer in diesem Buch, der Bibel, sonst noch irgendeine geistliche Macht geben oder eine Kraft, die himmelwärts zieht, dann ist sie sicher solch eine Fälschung, dass wir ohne sie wohl besser dran wären. Die Heilige Schrift ist im Reich Gottes wie Gott im Universum – vollkommen genug. In ihr ist alles Licht, ist alle Kraft geoffenbart, die der Mensch in geistlichen Fragen jemals brauchen könnte.

Wir hören von anderer Antriebskraft außer der, die in der Schrift liegt, aber wir halten eine solche Macht für eine schillernde Seifenblase und nichts weiter. Ein Zug ist entgleist oder kann aus einem anderen Grund nicht weiterfahren, und die Mechaniker sind eingetroffen. Zugmaschinen sollen das unbewegliche Ungetüm bewegen. Zunächst scheint sich nichts zu tun; die Motoren sind zu schwach. Aber hört, ein kleiner Junge hat die zündende Idee. Er ruft: «Papa, wenn die es nicht schaffen, leihe ich ihnen mein Schaukelpferd!»

Man hat uns in letzter Zeit jede Menge Schaukelpferde angeboten. Ich sehe nicht, dass sie viel ausgerichtet hätten, aber es hat sich großartig angehört. Doch ich fürchte, sie haben mehr Schaden angerichtet, als dass sie etwas genützt hätten: Sie haben die Menschen lächerlich gemacht und aus den Gottesdiensten vertrieben, die sie einst mit Eifer bevölkert hatten. Das neue Spielzeug wurde ins Schaufenster gelegt, und die Leute haben es ein wenig angeschaut und sind dann zum nächsten Spielzeugladen gegangen. Diese schönen neuen Nichtse sind zu nichts nütze gewesen, und solange die Erde steht, werden sie nie zu etwas nütze sein.

Wüstensand aufs Heilige Land?

Das Wort Gottes ist wirklich attraktiv genug, und es tut der Seele des Menschen gut, aber Neuheiten scheitern schnell. «Natürlich», schreit einer, «müssen wir auch selber denken.» Mein Bruder, höre nie auf zu denken; aber Gottes Gedanken sind noch besser als die deinen. Du magst wohl feine Gedanken streuen, wie im Herbst die Bäume ihre Blätter abwerfen. Aber da gibt es noch einen, der deine Gedanken besser kennt als du selbst, und er hält nicht viel von ihnen.

Steht nicht geschrieben: «Er durchschaut ihre Gedanken und weiß: Sie sind oberflächlich und hohl»?[29] *Unsere* Gedanken den großen Gedanken Gottes gleichzustellen wäre eine widerwärtige Albernheit. Würdet ihr eine Kerze anzünden, um die Sonne sehen zu können? Oder eure Nichtigkeit dazu hergeben, das ewige All zu füllen?

Es ist besser, vor dem Herrn stille zu sein, als davon zu träumen, das zu ergänzen, was er ausgesprochen hat. Das Wort des Herrn ist gegen die Ideen der Menschen wie ein Garten gegen eine Wüste. Bleibt nur stetig zwischen den Deckeln des heiligen Buches, und ihr seid in dem Land, in dem Milch und Honig fließen. Wozu sich die Mühe machen, es mit Wüstensand aufzufüllen?

Lasst alles dort stehen

Versucht nicht, von dem vollkommenen Buch irgendetwas auszusortieren. Wenn ihr etwas dort findet, lasst es dort stehen, nehmt es und predigt es, wie es dasteht, entsprechend dem Maß eures Glaubens. Wenn Gott etwas für wert hält, es zu offenbaren, ist es auch wert, dass wir es predigen; aber das wäre mir als Begründung noch zu wenig. Der Mensch lebt von einem jeden Wort, das aus dem Mund Gottes hervorgeht.[30] «Alle Reden Gottes sind geläutert; er ist ein Schild denen, die ihm vertrauen.»[31]

Möge jede offenbarte Wahrheit zu ihrer eigenen Zeit vorgetragen werden. Sucht euer Thema nirgendwo anders. Vor euch liegt ein so unendlich reicher Schatz, dass ihr nirgends sonst zu suchen braucht. Angesichts solch herrlicher Wahrheit wäre das mutwillige Bosheit.

Geprüft und bestanden

Wir haben alles ausprobiert und geprüft, die ganze Ausrüstung, die wir in unserem Kampf benötigen. Die Waffen in unserer Rüstkammer sind die allerbesten, die es gibt; wir haben sie erprobt und ausnahmslos für gut befunden. Einige von euch jüngeren Brüdern haben die Bibel bisher nur wenig erprobt, aber die unter uns, die schon grau werden, können euch versichern: Wir haben das

Wort geprüft, wie man Silber schmilzt in einem irdenen Tiegel, und es hat jeden Test bestanden, wohl siebenundsiebzig Mal.

Das heilige Wort hat mehr Kritik erdulden müssen als die bestgeprüfte Philosophie und Wissenschaft, und es hat jeder Prüfung standgehalten. Ein noch lebender Gottesmann hat einmal gesagt: «Wenn seine momentanen Angreifer alle tot sind, werden ihre Leichenreden aus diesem Buch gehalten werden, und nicht ein Vers wird ausgelassen werden, von der ersten Seite der Bibel bis zur letzten.»

Einige von uns waren viele Jahre lang tagtäglich in diesem Konflikt und haben ununterbrochen das Wort Gottes auf die Probe gestellt, und wir versichern euch: Es ist jedem Notfall gewachsen.

Wenn wir mit diesem Schwert gegen Kettenhemden und Rundschilde aus Messing geschlagen haben, ist keine Scharte an seiner Schneide zu finden. Es bricht nicht im Streit, noch wird es stumpf. Es würde sogar den Teufel spalten, angefangen von der Krone auf seinem Haupte bis zur Fußsohle, und dennoch kein Anzeichen einer Beschädigung aufweisen. Das Wort Gottes ist heute noch genauso mächtig wie damals in den Händen unseres Herrn Jesus.

Das Wort Gottes für die Sünder

Wie stärkt es uns, wenn wir an die vielen Seelen denken, die wir durch das Schwert des Geistes erreicht, erobert und befreit haben! Hat auch nur einer von euch jemals gehört von so etwas wie einer Bekehrung, die durch irgendeine Lehre zustande gekommen wäre, die sich nicht im Wort Gottes findet? Ich hätte gerne einen Katalog der Bekehrungen, die der fortschrittlichen Theologie zu verdanken sind. Ich würde ein Exemplar dieses Werkes käuflich erwerben. Ich sage nicht, was ich damit tun würde, wenn ich es gelesen hätte, aber ich würde mit meinem Kauf den Verleger erfreuen, nur weil ich gerne wissen würde, was die fortschrittliche Gottesgelehrsamkeit vorgibt, erreicht zu haben.

Bekehrungen durch die Lehre, dass sowieso alle in den Himmel kommen? Bekehrungen durch die Lehre, dass die Bibel nicht wirklich von Gott eingehaucht ist? Bekehrungen zur Liebe Gottes und zum Glauben an seinen Christus, weil sie hörten, dass der Tod des Erretters nur die Krönung eines vorbildlichen Lebens gewesen sei und nicht ein stellvertretendes Opfer? Bekehrungen durch ein Evangelium, aus dem das ganze Evangelium ausgepresst worden ist?

Sie sagen: «Wunder werden nie aufhören», aber solche Wunder werden nie beginnen. Sollen sie nur von Herzensveränderungen berichten, damit wir sie nachprüfen können. Dann können wir immer noch überlegen, ob es uns wert ist, dass wir von dem Wort Gottes lassen, das wir hunderte Male geprüft haben, ja, einige von uns hier vieltausendmal, und immer haben wir es als zur Errettung wirksam befunden.

Wir wissen wohl, warum sie über Bekehrungen herziehen. Diese Trauben hängen den Füchsen zu hoch, deshalb verschmähen sie sie und behaupten, sie seien sauer. Wir glauben an die neue Geburt und erwarten, sie in Tausenden von Fällen zu sehen, und deshalb halten wir fest am Wort des Lebens, durch das der Heilige Geist Erneuerung schafft.

Kurzum, in unserem Kampf bleiben wir bei der alten Waffe, beim Schwert des Geistes, zumindest bis wir etwas Besseres gefunden haben. «Es gibt nicht seinesgleichen; gib es mir!»[32], ist vorläufig unser Urteil.

Wie oft haben wir es erlebt, dass das Wort Gottes wahrlich getröstet hat! Ein Bruder hat es im Gebet so ausgedrückt: «Es ist eine schwierige Sache, wenn man es mit gebrochenen Herzen zu tun hat. Wie jämmerlich kam ich mir vor, wenn ich versuchte, einen Gefangenen aus der Burg des Riesen Verzweiflung zu befreien! Wie schwierig ist es, Verzweiflung zum Hoffen zu bringen! Wie habe ich mich gemüht nach allen Arten der Kunst, und wenn ich es dann fast im Griff hatte, hatte es sich doch tatsächlich ein anderes Schlupfloch gegraben! Aus zwanzig hatte ich es schon herausgeholt, und dann musste ich wieder von vorn beginnen.»

Der überführte Sünder bringt alle möglichen Argumente an, um zu beweisen, dass er eben nicht gerettet werden kann. Die Verzweiflung hat nicht weniger Ideen als die Selbstgerechtigkeit. Nur eins lässt Licht in den dunklen Keller des Zweifels, und das ist das Fenster des Wortes Gottes. In der Heiligen Schrift findet sich Balsam für jede Wunde, Salbe für jede offene Stelle. Oh, welch wunderbare Macht liegt doch in der Schrift, um inmitten der Rippen der Verzweiflung eine Seele der Hoffnung zu schaffen und ewiges Licht in die Finsternis zu bringen, die eine lange Mitternacht im tiefsten Herzen angerichtet hat!

Oft haben wir das Wort des Herrn als «Becher des Trostes» probiert, und es hat noch immer den Mutlosen aufgeheitert. Wir wissen, was wir sagen, weil wir es selbst gesehen und bezeugen können: Die Schriften der

Wahrheit, wenn der Heilige Geist sie anwendet, haben denen Frieden und Freude gebracht, die in der Finsternis und im Tal des Todesschattens saßen.

Das Wort Gottes für die Gläubigen

Wir haben auch beobachtet, wie vorzüglich das Wort Gottes zur Auferbauung der Gläubigen ist, wie es in ihnen Gerechtigkeit, Heiligung und Brauchbarkeit bewirkt. Heutzutage wird viel von den «Werten» des Evangeliums geredet, von seiner «Ethik». Wem das etwas Neues ist, der tut mir aufrichtig leid. Das hätte er schon lange entdecken können.

Wir haben uns immer mit der Ethik des Evangeliums auseinandergesetzt; ja, es ist durch und durch ethisch. Es gibt keine wahre Lehre, die nicht die Frucht guter Werke hervorgebracht hätte. Payson hat gesagt, und das war sehr weise: «Wenn es in der Bibel eine Tatsache gibt, eine Lehre oder eine Verheißung, die keine konkrete Auswirkung gehabt hat auf deinen Charakter oder dein Verhalten, dann sage ich dir auf den Kopf zu, dass du sie eben nicht geglaubt hast.»

Jede Lehre im Wort Gottes, jede schriftgemäße Lehre hat einen praktischen Zweck und eine praktische Auswirkung. Was ich jetzt sage, ist keine große Entdeckung, sondern ganz einfach gesunder Menschenverstand: Wenn wir schon *mit* dem Baum weniger Frucht sehen, als uns lieb ist, dann haben wir aller Wahrscheinlichkeit nach überhaupt keine Frucht mehr, wenn der Baum erst einmal gefällt ist und die Wurzeln bloßgelegt sind. Die wahre Wurzel der Heiligung liegt im Evangelium unseres Herrn Jesus Christus; und wenn man dieses abschaffen will, um mehr Frucht zu erzielen, ist das die unglaublichste Dummheit aller Zeiten.

Wir haben beobachtet, wie die Lehre von der Gnade feine Ethik, ernsthafte Integrität, gewissenhafte Reinheit und vor allem entschiedene Heiligung hervorgebracht hat. Wir sehen Hingabe im Alltag, wir sehen stille Ergebung in schwerer Stunde, wir sehen freudige Zuversicht angesichts des Todes, und das nicht als seltene Ausnahme, sondern als ganz normales Ergebnis eines intelligenten Glaubens an die Lehren der Heiligen Schrift.

Wir haben wirklich gestaunt über das heilige Ergebnis des alten Evangeliums. Wir haben uns schon so an seinen Anblick gewöhnt, und doch hat es seinen Charme noch nicht verloren. Wir haben es erlebt, wie arme und schwache Männer und Frauen sich Jesus Christus hingegeben haben und für ihn leben – und wie sie leben, das lässt unsere Herzen sich anbetend neigen vor dem Gott der Gnade.

Ein Evangelium, das so etwas bewirken kann, das muss einfach echt und das richtige sein! Nun gut, wir reden nicht so viel von Ethik wie manche andere. Ich erinnere an das Sprichwort: «Die einen reden davon, die anderen tun es.» Manche gackern, aber sie legen keine Eier. Große Worte und nichts dahinter. Einige haben so lange gute Werke gepredigt, bis in ihrem Kirchspiel kaum ein anständiger Mensch übrig war. Andere dagegen haben von der kostenlosen Gnade und der stellvertretend gestorbenen Liebe gepredigt, wobei Sünder zu Heiligen wurden und Heilige zur Ehre Gottes so reich Frucht trugen, dass ihre Äste fast unter der Last zusammenbrachen. Wir haben die Ernte gesehen, die auf unsere Aussaat folgt, und wir werden unser Saatgut nicht tauschen, nur weil das launische Diktat des Zeitgeistes es so will.

Das Wort Gottes angesichts des Todes

Vor allem haben wir geschmeckt und gesehen, wie wirksam das Wort Gottes ist, wenn wir krank im Bett lagen. Vor nur wenigen Tagen war ich bei einem unserer Ältesten, der im Sterben lag, und es war wie der Himmel auf Erden, mit ihm zu sprechen. Bei keiner Hochzeit habe ich so viel Freude erlebt wie in dieser stillen Kammer. Er hoffte, bald bei Jesus zu sein, und das machte ihn froh. Er sagte: «Ich habe keinen Zweifel, kein Wölkchen, nichts beunruhigt mich, mir fehlt nichts, nein, ich bin wunschlos glücklich. Was du mich gelehrt hast, danach habe ich gut gelebt, und danach kann ich nun auch gut sterben. Ich ruhe auf dem kostbaren Blut Jesu Christi, und das ist ein fester Grund.»

Und dann fügte er noch hinzu: «Wie dumm kommen mir jetzt all diese Schriften gegen das Evangelium vor! Ich habe einige davon gelesen und die Attacken bemerkt, die sie gegen den guten alten Glauben geritten haben, aber jetzt, wo ich am Rand der Ewigkeit liege, kommen sie mir so absurd und lächerlich vor. Was könnte diese neue Lehre mir jetzt helfen?»

Nach diesem Gespräch war ich sehr gestärkt und erfreut durch das Zeugnis dieses guten Mannes, und noch mehr tat mir gut, dass ich genau das ständig gepredigt habe und dass das für meinen Freund so zum Segen geworden ist.

Wenn Gott sich so sehr zu dem stellt, was ein so schwaches Werkzeug tut, dann muss Gottes Wort an sich gut sein! Alles jugendliche Freudengeschrei kann mich nicht so erheitern, wie wenn ich höre, wie ein Sterbender bezeugt, dass er auf dem unvergänglichen Evangelium von der Gnade Gottes ruht. Das Sterbebett ist der unüberbietbare Härtetest – und nichts und niemand kann diesem Härtetest ausweichen.

Predigt etwas, das die Menschen befähigt, dem Tod ohne Furcht ins Angesicht zu sehen – und das ist nichts anderes als das gute alte Evangelium.

Gefangene der Gnade

Brüder, wir hüllen uns in das, was Gott uns in der Rüstkammer des von ihm inspirierten Wortes bereitgestellt hat, denn jede darin vorhandene Waffe ist vielfach praxiserprobt und hat in all ihrer Pracht noch niemals versagt.

Noch mehr: Wir halten für immer am Wort Gottes

fest, weil wir seine Kraft in uns selbst erfahren haben. Es ist ja noch nicht so lange her, dass ihr schon vergessen hättet, wie das Wort Gottes wie ein Hammer euer steinhartes Herz zerschlagen und euren sturen Eigenwillen gebeugt hat. Durch das Wort des Herrn wurdet ihr zum Kreuz gebracht und durch das Sühneopfer Jesu getröstet. Dieses Wort hat euch neues Leben eingehaucht; und als ihr dann gewiss wurdet, Gottes Kind zu sein, spürtet ihr die adelnde Kraft des im Glauben ergriffenen Evangeliums.

Durch die Heilige Schrift brachte der Heilige Geist eure Errettung zustande. Ich bin sicher, dass ihr eure Bekehrung auf das Wort des Herrn zurückführt, denn nur dieses ist «vollkommen und bekehrt die Seele».[33]

Wer auch immer es euch gesagt haben mag oder in welchem Buch auch immer ihr es gelesen habt: Es war nicht Menschenwort und auch kein Menschengedanke über das Wort Gottes, sondern das Wort Gottes selbst, das euch die Errettung im Herrn Jesus kundgetan hat. Das war weder menschliches Ermessen noch Wortgewaltigkeit noch die Kraft hehrer Motivation, sondern die Allmacht des Heiligen Geistes, die das Wort angewendet hat. Nur das gab euch Ruhe und Frieden und Freude im Glauben.

Wir selbst sind die Trophäen des mächtigen Schwertes des Geistes. Der Herr selbst führt uns überall im Triumphzug einher, und wir sind gerne die Gefangenen seiner Gnade. Wen wundert es, dass wir uns nahe zu ihr halten.

Stärkungsmittel und Erfrischungsgetränk

Wie oft seit eurer Bekehrung war die Heilige Schrift alles für euch! Ich nehme an, dass ihr alle eure Schwächeanfälle habt, aber haben nicht die wertvollen Stärkungsmittel der Verheißungen eures treuen Gottes euch wieder auf die Beine gebracht? Ein paar Bibelverse, dem schwachen Herzen eingeflößt, machen es schnell wieder handlungsfähig. Man spricht von Wässerchen, die die Lebensgeister wecken, und von Erfrischungsgetränken, die wach und stark machen; aber das Wort Gottes war uns mehr als das, unzählige Male. In schweren und starken Versuchungen, in heftigen und bitteren Prüfungen hat das Wort des Herrn uns bewahrt.

Wenn Niedergeschlagenheit unsere Hoffnung niederdrückte und Enttäuschung unsere Herzen verwundete, haben wir uns dennoch stark gefühlt, weiterzugehen und durchzuhalten, weil die Hilfszusagen der Schrift uns geheime und unüberwindliche Energie gaben. Brüder, wir haben es erlebt, wie das Wort Gottes uns erheben kann – hinauf zu Gott und zum Himmel.

Wenn ihr Studienmaterial erhaltet, das dem inspirierten Wort Gottes widerspricht, merkt ihr nicht, wie ihr abwärtsgleitet? Ich habe einige gekannt, für die eine solche Lektüre verpestete Schwaden waren, die sie mit dem Hauch des Todes umgeben haben.

Ja, ich kann hinzufügen: Wenn ihr weniger in der Bibel lest, um mehr andere Bücher studieren zu können, und seien sie auch noch so gut, dann nehmt ihr den baldigen und merklichen Niedergang eurer Seele in Kauf. Habt ihr nicht auch schon festgestellt, dass sogar gute und schöne Bücher für euch wie eine Ebene sein können, auf die ihr hinunterschauen, nicht aber wie ein Gipfel, dem ihr zustreben könntet? Ihre Höhe habt ihr schon lange erreicht, und beim Lesen kommt ihr nicht höher hinauf. Es ist reine Verschwendung eurer kostbaren Zeit.

Habt ihr das jemals mit dem Buch Gottes erlebt? Habt ihr euch jemals über seine einfachste Lehre erhaben gefühlt, hat es euch jemals heruntergezogen? Nie!

So viel euer Geist mit der Heiligen Schrift erfüllt wird, so viel spürt ihr, dass ihr hochgehoben und wie auf Adlerschwingen getragen werdet.

Wer sich die Zeit nimmt, in Ruhe allein die Bibel zu lesen, hat anschließend nur selten nicht das Gefühl, Gott nähergekommen zu sein. Ich sage «allein», denn wenn ihr mit anderen gemeinsam lest, besteht die Gefahr, dass die Bemerkungen der anderen zu Fliegen im Topf des Salbenmischers werden.

Betend das Wort Gottes studieren ist nicht nur eine Art, Weisung zu empfangen, es ist auch ein Akt der Hingabe. Oft erfährt man dabei die umgestaltende Kraft der Gnade, die uns in sein Ebenbild verwandelt. Im Wort sehen wir ja sein Bild wie in einem Spiegel. Wenn das offene Buch offene Herzen findet, was kommt dann dem Wort Gottes gleich?

Ich habe die Biografien von Männern wie Baxter, Brainerd, McCheyne und vielen anderen gelesen, und es war, als hätte ich nach einer langen Wanderung durch ein schwarzes Land in einem kühlen Bach baden und all den Staub und alle Schwere abwaschen können. Warum? Weil diese Männer die Heilige Schrift in ihr Leben aufnahmen und mit ihrer Lebenserfahrung illustrierten. Wir brauchen, was sie hatten: Sie ließen sich im Wort

Gottes waschen. Wo sie es fanden, dort müssen auch wir hin, um es zu holen.

Die Wirkungen der Wahrheit Gottes im Leben heiliger Menschen zu sehen, stärkt den Glauben und regt zu heiligem Nacheifern an. Andere Einflüsse helfen uns nicht zu einem solch erhabenen Ideal der Heiligung. Wenn ihr die babylonischen Bücher unserer Zeit lest, nehmt ihr deren Geist in euch auf, aber es ist ein fremder Geist, der euch vom Herrn, eurem Gott, abziehen wird. Manche Bücher geben vor, die Sprache Jerusalems zu sprechen, aber die halbe Zeit reden sie Aschdodisch. Sie können großen Schaden anrichten: Sie verwirren eure Gedanken und verunreinigen euren Glauben.

Ein Buch, das insgesamt exzellent ist, aber nur einen kleinen Flecken hat, kann mehr Unheil anrichten als ein durch und durch schlechtes. Seid vorsichtig, denn Werke dieser Art kommen aus der Druckerpresse wie Heuschreckenschwärme. In diesen Tagen wird man schwerlich ein Buch finden, das frei ist von dem modernen Sauerteig, und der kleinste Partikel davon wird es durchsäuern, bis es den wildesten Irrtum hervorbringt. Wenn ihr solche Bücher lest, auch wenn sie keine greifbare Lüge vorbringen mögen, seid euch dessen bewusst, dass euch Verdrehungen vorgesetzt werden. Achtet darauf, wenn der Klang in eurem Geist absackt. Seid auf der Hut.

Mit eurer Bibel hingegen könnt ihr immer entspannt bleiben; jeder Hauch von jeder Seite bringt euch Leben und Gesundheit. Bleibt nahe an dem inspirierten Buch, und ihr werdet keinen Schaden erleiden, ihr seid vielmehr an der Quelle all dessen, was euch ethisch und geistlich gut tut. Das ist genau das Richtige für Gottes Leute; dieses Brot sorgt für höchste Lebensqualität.

Die Bibel als unerschöpflicher Quell

Seit über vierzig Jahren predige ich nun schon das Evangelium, seit über sechsunddreißig Jahren werden meine Predigten gedruckt, und inzwischen sind in wöchentlicher Folge 2200 davon erschienen. Ich meine, dass ich das Recht habe zu sagen, dass die Bibel genügend Vielfalt und Nährwert hat und sehr wohl als Grundlagenbuch für Prediger geeignet ist. Brüder, sie ist unerschöpflich. Wenn wir uns eng an den Text dieses heiligen Buches halten, werden wir nicht auf die Idee kommen, es wäre veraltet.

Es ist nicht schwierig, Themen zu finden, die sich

von bereits behandelten völlig unterscheiden; die Bibel ist so vielseitig wie umfassend. Auch in einem langen Leben werden wir nur die Küsten dieses großen Kontinents des Lichtes berühren können. In den vierzig Jahren meines Dienstes habe ich nur den Saum des Gewandes göttlicher Wahrheit berührt. Aber wie viel Gutes ist daraus geflossen! Das Wort Gottes ist wie sein Autor unendlich, unermesslich, immerwährend.

Würde man euch zum Prediger in Ewigkeit einsetzen, hättet ihr in der Bibel eine Themenvorlage, die den ewigen Anforderungen vollauf gerecht würde. Brüder, werden wir in den himmlischen Sphären nicht jeder eine Kanzel haben? Wird sich unser Einzugsbereich nicht über Millionen von Meilen erstrecken? Werden unsere Stimmen nicht so stark sein, dass Scharen und sogar Sterne uns aufmerksam zuhören? Werden wir nicht Zeugen unseres Herrn und seiner Gnade sein für Myriaden von Welten, die stumm vor Staunen von dem fleischgewordenen Gott hören? Werden wir nicht von reinen Geistern umgeben sein, die das Geheimnis des Gottes, der ins Fleisch gekommen ist, schauen und erforschen wollen? Wollen nicht die Welten, die nicht gefallen sind, im herrlichen Evangelium unseres gepriesenen Gottes unterwiesen werden?[34] Und wird nicht jeder von uns seine eigene Geschichte erzählen können von der unendlichen Liebe unseres Gottes zu ihm?

Ganz gewiss, denn der Herr hat uns gerettet, damit nun «alle Mächte und Gewalten der himmlischen Welt an der Gemeinde die unendliche Weisheit Gottes erkennen». Wenn nun dies der Fall ist, werden unsere Bibeln für Ewigkeiten jeden Morgen ein neues Predigtthema bereitstellen können, neue Lieder sowie ohne Ende Stoff zum Nachdenken und Erforschen.

Das Wort Gottes kennen

Da der Herr uns nun diese Rüstkammer zur Verfügung gestellt hat und wir keine andere haben wollen, sind wir fest entschlossen, das Wort des Herrn zu gebrauchen, und zwar das Wort des Herrn allein, und das *mit mehr Nachdruck als je zuvor*. Wir sind fest entschlossen – und ich hoffe, dass wir uns darin einig sind –, *unsere Bibel besser kennen zu lernen*.

Kennen wir dieses heilige Buch wenigstens halb so gut, wie wir es kennen sollten? Sind wir bestrebt, das Wort Gottes so gut zu kennen wie manch ein Literat seinen Lieblingsklassiker? Ist es denn möglich, dass wir immer noch auf Bibelstellen stoßen, die uns neu sind? Kann das denn sein? Gibt es irgendetwas in dem, was der Herr geschrieben hat, das ihr noch nicht gelesen habt?

Mein Bruder im Herrn Archibald Brown hat etwas gesagt, das mich tief beeindruckt hat. Er dachte bei sich selbst, er sollte die Heilige Schrift von der ersten bis zur letzten Seite lesen, sonst könnte er inspirierte Lehren verpassen. Deshalb beschloss er, alle Bücher der Bibel der Reihe nach durchzulesen. Nachdem er das ein Mal getan hatte, behielt er diese Gewohnheit bei. Gibt es unter uns jemanden, der das bisher versäumt hat? Lasst uns umgehend damit beginnen.

Ich liebe es, wenn gewisse Brüder eine passende Stelle anführen und die Parallelstelle gleich dazu und zur Krönung noch mit einem weiteren Bibelvers aufwarten können. Diese Leute scheinen ganz genau zu wissen, welche Bibelstelle den Nagel auf den Kopf trifft. Ihre Bibel haben sie nicht nur im Kopf, sondern an den Fingerspitzen. Das ist für einen Diener des Wortes eine höchst wertvolle Qualifikation. Ein guter Schriftkenner ist auch ein guter Theologe.

Sicher gibt es andere mit anderen Stärken, und die schätze ich auch, aber in diesem Punkt sind sie schwach, und sie können nur selten eine Bibelstelle korrekt zitieren. Ihre Abwandlungen tun dem Bibelleser in den Ohren weh. Leider ist es unter Predigern üblich, ein Wort hinzuzufügen oder ein Wort wegzulassen oder sonst irgendwie den Wortlaut des heiligen Schriftstücks zu verderben.

Wie oft habe ich Brüder darüber sprechen hören, man solle seine «Berufung und Errettung» festmachen! Wahrscheinlich mögen sie das calvinistische Wort von der «Auserwählung» nicht so wie wir, und deshalb haben sie diese Bedeutung zugelassen, ja, mitunter sagen sie gerade das Gegenteil davon.

Das Wort Gottes respektieren

Unsere Ehrfurcht vor dem großen Autor der Bibel sollte jegliche Verstümmelung seines Wortes undenkbar machen. Keine Modifizierung der Bibel könnte jemals eine Verbesserung sein. Wer an die wörtliche Inspiration der Bibel glaubt, sollte auf den korrekten Wortlaut achten. Die Herren, die in der Schrift Irrtümer finden, mögen sich für kompetent halten, den Sprachgebrauch des Herrn der Heerscharen zu korrigieren. Aber wir, die wir ihm glauben und die Worte akzeptieren, die er gebraucht, können einen so anmaßenden Versuch nicht unternehmen.

Lasst uns die Worte so zitieren, wie sie in der bestmöglichen Übersetzung stehen, und es wäre noch besser, wenn wir den ursprünglichen Text kennten und zitieren könnten, wenn unsere Übersetzung den Sinn nicht korrekt wiedergibt. Wie viel Unfug kann daraus entstehen, wenn man das Wort Gottes beliebig verändert! Gut steht es um diejenigen, die mit Gottes Lehre übereinstimmen und ihre wahre Bedeutung annehmen, wie der Heilige Geist sie lehrt! Oh, würden wir den Geist der Heiligen Schrift gründlich kennen und in uns aufnehmen, bis wir ganz damit gesättigt sind! Das ist der Segen, den wir gewinnen wollen.

Das Wort Gottes glauben

Durch die Gnade Gottes wollen wir das Wort Gottes noch fester glauben. Glauben und glauben ist nicht dasselbe. Ihr glaubt, dass alle hier gute Leute sind. Aber bei manchen seid ihr sicher, dass ihr euch auf sie verlassen könnt, denn sie haben euch geholfen, als ihr Schwierigkeiten hattet, und sie haben sich erwiesen als Brüder, die für die Not geboren wurden. Diesen vertraut ihr mit unerschütterlicher Zuversicht, weil ihr sie persönlich erprobt habt. Ihr hattet ihnen schon zuvor vertraut, aber jetzt habt ihr eine höhere, festere, stärkere Zuversicht.

Glaubt an das inspirierte Buch, treibt es ruhig auf die Spitze. Glaubt es durchweg. Glaubt es ganz und gar. Glaubt es mit all eurer Kraft und mit all eurem Sein. Lasst die Wahrheiten der Bibel zur größten Kraft in eurem Leben werden, zur wichtigsten Triebfeder für euer Tun.

Lasst die großen Taten des Herrn im Evangelium für euch so real und konkret werden wie irgendeine andere Tatsache in eurer näheren Umgebung oder in der großen weiten Welt. Lasst sie für euch so lebendig wahr sein wie euer immer gegenwärtiger Körper mit seiner Müdigkeit, seinen Schmerzen, seinem Appetit und dem, was ihm wohltut.

Wenn wir aus dem Bereich der Fiktion und Fantasie herauskommen und in die Welt der Tatsachen eintreten können, dann sind wir auf eine Ader der Kraft gestoßen, die einen unermesslichen Vorrat an Stärke birgt. Wenn wir so «mächtig im Wort» sind, sind wir auch «mächtig durch Gott».

«Es steht geschrieben!»

Wir sollten auch beschließen, mehr die Heilige Schrift zu zitieren. Predigten sollten voll der Bibel sein, mit Bibelextrakt gesüßt, verstärkt, geheiligt. Die Menschen brauchen Predigten, die aus der Bibel heraus gewachsen sind. Wenn sie diese nicht hören mögen, ist das umso mehr Grund, warum man sie predigen sollte. Das Evangelium hat die einzigartige Fähigkeit, Geschmack zu bilden. Wer die Bibel hört, wenn er denn tatsächlich zuhört, wird zum Bibel-Liebhaber.

Allerdings ist es nicht damit getan, Bibeltexte aneinanderzureihen; das ist ein armseliges Predigen. Nun, manche haben es ausprobiert, und ich habe keinen Zweifel, dass Gott sie gesegnet hat, denn sie machten es, so gut sie eben konnten, und taten ihr Bestes. Es ist weit besser, Bibeltexte aneinanderzureihen, als die eigenen ärmlichen Gedanken über andere auszugießen. Wenn das heilige Wort zitiert wird, hat man zumindest etwas, über das man nachdenken und woran man sich erinnern kann. Im anderen Fall kann überhaupt nichts mehr übrig sein.

Doch man braucht Bibeltexte nicht aneinanderzureihen, man kann sie an geeigneter Stelle einflechten, um den Ausführungen Rahmen und Höhepunkt zu geben. So verleihen sie der Predigt Kraft und Nachdruck. Im Vergleich zum Pistolenschuss des Wortes Gottes sind unsere eigenen Worte nur Papierkügelchen.

Die Bibel ist das Fazit des Ganzen. Wenn wir das «Es steht geschrieben» erst einmal gefunden haben, gibt es nichts mehr zu diskutieren. Wenn der Herr gesprochen hat, ist in den Herzen und Gewissen unserer Zuhörer die Debatte weithin abgeschlossen. «So spricht der Herr», das ist für den Christen das Ende der Diskussion; ja, nicht einmal der Gottlose kann der Heiligen Schrift widerstehen, ohne sich dem Geist dessen zu widersetzen, der sie geschrieben hat. Wir wollen überzeugend sprechen, und deshalb sprechen wir schriftgemäß.

Für die Gäste nur das Beste

Außerdem sind wir entschlossen, nichts zu predigen außer das Wort Gottes. Dass so viele nicht mehr gewohnt sind, das Evangelium zu hören, ist weithin der Tatsache geschuldet, dass sie nicht immer das Evangelium zu hören bekommen, wenn sie zum Gottesdienst gehen. Aber alles andere reicht nicht aus – ihre Seelen brauchen das Evangelium.

Habt ihr gehört von dem König, der eine Reihe Festgelage veranstaltete und Woche für Woche viele Gäste einlud? Er hatte mehrere Diener, die die Tische bedienen sollten. Wenn es wieder so weit war, gingen sie in die Stadt und luden das Volk ein. Aber mit der Zeit kamen immer weniger zu den Festmählern. Es kamen immer noch einige Gäste, aber die meisten Bürger zeigten kein Interesse mehr.

Der König untersuchte den Sachverhalt und fand heraus, dass das Essen die Gäste offensichtlich nicht zufriedenstellte, und so kamen sie eben nicht mehr.

Deshalb beschloss er, höchstselbst die Tische zu überprüfen und das Fleisch, das serviert wurde, und fand viele Gerichte und Raffinessen, die nie und nimmer aus seinen Vorratshäusern stammten. Er sah das Essen an und sagte: «Was ist denn das? Wo kommen diese Gerichte her? Die stammen nicht von mir. Ich habe meine Ochsen und mein Mastvieh schlachten lassen, aber das ist nicht das Fleisch von Mastvieh, das ist zähes Fleisch von halbverhungerten Rindern. Das sind Knochen, aber wo ist das Mark? Das Brot ist hart und grob, meines ist von dem feinsten Weizen. Der Wein ist mit Wasser vermischt, und das Wasser stammt aus einer trüben Quelle.»

Einer der Dabeistehenden antwortete und sagte: «Oh König, wir dachten, die Leute hätten genug von all dem Krustenbraten und dem Mark, deshalb haben wir ihnen Knochen und Knorpel gegeben, damit sie ihre Zähne daran erproben könnten. Wir dachten auch, sie wären das feine Weißbrot leid, deshalb haben wir ein wenig bei uns zu Hause gebacken, und die Kleie und Spelzen verwendeten wir gleich mit. Die Experten sind der Meinung, unser Speiseplan sei für unsere Zeit passender als das, was Eure Majestät vor so langer Zeit vorgeschrieben haben. Was die hefigen Weine betrifft, heute hat man einen anderen Geschmack; und ein so durchscheinendes Getränk wie reines Wasser ist zu gehaltlos für Leute, die die Wasser Ägyptens gewohnt sind, die nach dem Schlamm der Mondberge schmecken.»

Jetzt war dem König klar, warum die Leute nicht mehr zu seinem Festmahl kommen wollten. Könnte es sein, dass der Grund, warum viele Menschen den Gang zum Gotteshaus für geschmacklos halten, in dieser Richtung zu suchen ist? Ich glaube, ja.

Haben die Diener unseres Herrn vielleicht das, was sie selbst verschmäht und übrig gelassen haben, kleingeschnitten und für die Millionen zu einem Eintopf verarbeitet, und könnte es sein, dass die Millionen eben deshalb nichts mehr davon wissen wollen? Hört den Rest meines Gleichnisses.

«Räumt das Zeug von den Tischen!», schrie der König empört. «Das könnt ihr den Hunden vorwerfen. Bringt die Rinderfilets! Bietet meine königliche Speise an. Nehmt diesen Fraß aus dem Festsaal und schüttet das Dreckwasser weg.»

Das taten sie, und wenn mein Gleichnis stimmig ist, sprach es sich auf den Straßen bald herum, dass es wahrhaft königliche Delikatessen geben sollte, und die Menschen drängten in den Palast, und der Name des Königs wurde im ganzen Land überaus gepriesen. Probieren wir es aus. Vielleicht sehen wir bald das Festmahl unseres Meisters gut besucht.

Inspirationstheorie oder Verbalinspiration

Wir beschließen also, mehr als je zuvor zu gebrauchen, was Gott in seinem Buch für uns bereitgestellt hat, weil wir von seiner Inspiration überzeugt sind. Ich sage es nochmals: *Wir sind sicher, dass es inspiriert ist.*

Die meisten Angriffe gegen die Bibel hinterfragen deren *wörtliche* Inspiration. Doch das ist ein bloßer Vorwand. Sie attackieren die Verbalinspiration. Damit drücken sie ihren Angriff verbal aus, aber dieser Angriff richtet sich nicht wirklich gegen die Inspiration an sich. Ihr braucht nicht lange zu lesen, und schon seht ihr: Der Gentleman, der sich gegen eine Inspirationstheorie ereifert, die wir nie vertreten haben, schließt ab, indem er seine Hand hebt, und diese Hand erklärt der Inspiration selbst den Krieg.

Wo er recht hat, hat er recht. Uns interessiert keine Inspirationstheorie; tatsächlich haben wir keine solche. Für uns ist die uneingeschränkte Verbalinspiration der Heiligen Schrift Tatsache und nicht etwa Hypothese. Es ist schade, wenn man über ein großes Geheimnis theoretisiert, das Glauben erfordert und nicht Fantasie.

Glaubt an die Inspiration der Bibel, und glaubt es im stärksten Wortsinn. Keine Sorge, ihr werdet nicht zu viel glauben. Es ist nicht möglich, an eine wahrere und vollständigere Inspiration zu glauben, als sie es tatsächlich ist. Sollte hier ein Fehler irgend möglich sein, würde sich in dieser Hinsicht trotzdem keiner irren. Wenn ihr Theorien übernehmt, die hier etwas wegschälen und da etwas Autorität abstreiten, bleibt euch schließlich keine Inspiration mehr, die dieser Bezeichnung würdig wäre.

Wenn nicht hier, wo dann?

Wenn dieses Buch nicht unfehlbar ist, wo dann könnten wir Unfehlbarkeit finden? Auf den Papst verzichten wir gern, denn er hat schon oft und schrecklich geirrt; aber wir setzen an seine Stelle doch nicht die Päpstlein, die gerade der Universität entsprungen sind. Sind diese Korrektoren der Schrift unfehlbar? Ist es denn so gesichert, dass unsere Bibel zwar nicht recht hat, aber die Kritiker dafür unbedingt?

Das alte Silber soll abgewertet werden, an seine Stelle tritt das Neusilber[35], und man soll es für genauso wertvoll wie Gold halten. Bürschlein, die gerade den neuesten Roman gelesen haben, korrigieren das Verständnis ihrer Väter, die gewichtige Persönlichkeiten waren. Sie bezeichnen Lehren, die von der gottesfürchtigsten Generation hervorgebracht wurden, die je auf Erden gelebt hat, als einfältige Albernheit.

Nichts ist diesen Kreaturen so zuwider wie alles, was nach Puritanismus riecht. Jeder kleine Mann schnuppert interessiert, wenn er nur das Wort «Puritaner» hört – aber wären die Puritaner wieder hier, würde man nicht wagen, sie so höflich zu behandeln. Denn wenn Puritaner wirklich kämpften, galten sie bald als die Eisenharten, und ihren Anführer konnte man wohl kaum einen Dummkopf nennen. Das taten nicht einmal die, die ihn als einen Tyrannen brandmarkten. Cromwell und seine Mitstreiter waren nicht samt und sonders geistig minderbemittelt, nicht wahr?

Wirklich seltsam, dass genau die, die Cromwell und Co. bis in den Himmel loben, deren wahre Erben verachten, die dasselbe glauben wie Cromwell. Nun denn, wo findet man Unfehlbarkeit dann? «Die Tiefe spricht: ‹In mir ist sie nicht!›»[36] Aber die, die in sich keinerlei Tiefe haben, wollen uns glauben machen, sie sei in ihnen – oder sie hoffen, durch beständige Veränderung darauf zu stoßen.

Sollen wir denn glauben, die Unfehlbarkeit sei bei den Gelehrten? Nun, Bauer Hannes, heute hast du deine Bibel gelesen und dich über ihre kostbare Verheißungen gefreut, aber morgen gehst du gefälligst die Straße hinunter und fragst diesen Gelehrten aus dem Pfarrhaus, ob dieser Teil der Bibel zum inspirierten Teil der Bibel zu rechnen oder aber von zweifelhafter Herkunft sei.

Es steht dir wohl an zu wissen, ob es durch *den* Jesaja geschrieben wurde – oder ob es von dem zweiten von den «drei Jesajas» geschrieben worden war.

Jeder Hauch von Gewissheit wird dem geistlichen Menschen weggenommen und die Entscheidung über Richtig und Falsch auf eine Gesellschaftsklasse übertragen, deren überhebliche Gelehrsamkeit hochtrabend wirkt. Geistlich sein zu wollen, das maßen sie sich allerdings gar nicht erst an. Nach und nach sollen wir so bezweifelt und verkritisiert sein, dass nur noch wenige von den am tiefsten schürfenden Denkern zu wissen scheinen werden, was Bibel bedeutet und was nicht, und die werden es allen anderen diktieren.

Von ihrem Erbarmen halte ich kein bisschen mehr als von ihrer Genauigkeit. Sie berauben uns all dessen, was uns lieb und teuer ist, und rühmen sich dann ihrer Grausamkeit. Doch diese Schreckensherrschaft werden wir nicht erdulden, denn wir glauben immer noch, dass Gott sich eher den Säuglingen offenbart als den Weisen und Klugen. Wir sind völlig gewiss, dass unsere bewährte englische Version der Heiligen Schrift für normale Menschen völlig ausreicht und alles bieten kann, was wir zum Leben, zur Errettung und zum gottseligen Leben brauchen. Wir verachten das Lernen nicht, aber wir werden von der Kultur oder der Kritik dieser Welt nie sagen: «Das sind eure Götter, Israel!»[37]

Abgedunkelt

Könnt ihr sehen, warum Menschen den Grad der Inspiration des heiligen Schriftstücks herabsetzen wollen und ihn am liebsten auf eine verschwindend geringe Dosis reduzieren würden? Weil sie die Wahrheit Gottes verdrängen wollen.

Wenn ihr abends in einen Laden gehen würdet, um etwas zu kaufen, bei dem es so sehr auf die Farbe und die Webart ankommt, dass man es am besten im Tageslicht beurteilt – wenn dann, sobald ihr drinnen seid, der Händler das Gas an der Lampe noch weiter herunterdreht, bevor er euch seine Ware zeigt, werdet ihr misstrauisch und vermutet, dass er euch minderwertige Ware andrehen will.

Ich bin mehr als sicher, dass die Inspirationsanzweifler genau dieses Spielchen mit uns spielen wollen. Wenn jemand versucht, euch eure Ansicht über die Inspiration der Bibel madig zu machen, dann will er euch einen Streich spielen, der im Tageslicht nicht so leicht möglich wäre. Er will eine Séance mit Dämonen abhalten, und deshalb schreit er: «Dreht das Licht herunter!»

Brüder, wir sind bereit, dem Wort Gottes alle Inspiration zuzuschreiben, die ihm nur zugeschrieben werden könnte. Und wir sagen kühn: Wenn unser Predigen nicht diesem Wort entspricht, dann deshalb, weil in unserem Predigen kein Licht ist. Wir sind bereit, bei vollem Licht auf jede Art und Weise untersucht und geprüft zu werden, und wir halten diejenigen für die edelsten unserer Zuhörer, die täglich in der Schrift suchen, ob es sich tatsächlich so verhielte. Denen, die die Inspiration schmälern, denen werden wir nicht nachgeben, nein, nicht eine Stunde.

Wissenschaft und Forschung

Höre ich hier jemanden sagen: «Aber man muss doch die Ergebnisse der Wissenschaft und Forschung akzeptieren»? Ich bin der Erste, der offensichtliche, wissenschaftlich erwiesene Tatsachen akzeptieren würde. Aber was meinst du mit Wissenschaft? Ist dieses Ding namens «Wissenschaft» unfehlbar? Wird es nicht *fälschlicherweise* Wissenschaft genannt?

Die Geschichte dieser Ignoranz der Menschheit, die sich «Philosophie» nennt, ist absolut identisch mit der Geschichte der Toren, ausgenommen dort, wo sie in Wahnsinn übergeht. Wenn ein anderer Erasmus erstehen und die Geschichte der Torheit aufschreiben sollte, würde er der Philosophie und Wissenschaft gleich mehrere Kapitel widmen müssen, und diese Kapitel wären aufschlussreicher als alle anderen zusammengenommen.

Ich wage nicht zu sagen, Philosophen und Wissenschaftler seien samt und sonders Toren; aber ich würde ihnen die Freiheit geben, übereinander zu sprechen, und am Ende würde ich sagen: «Meine Herren, Sie erweisen einander weniger Respekt, als ich es hätte tun sollen.»

Ich würde die Weisen jeder Generation sprechen lassen über die Generation, die ihnen vorhergegangen ist, und was unsere Zeit betrifft, würde ich jede Halbgeneration sich mit der vorhergehenden Halbgeneration befassen lassen. Denn in der heutigen Wissenschaft gibt es wenig Theorie, die zwanzig Jahre überdauern könnte, und nur wenig mehr, die den ersten Tag des zwanzigsten Jahrhunderts erleben wird.

Wir sind mit so hoher Geschwindigkeit unterwegs, dass wir an wissenschaftlichen Hypothesen so schnell vorbeirasen wie der Schnellzug an Telegrafenmasten. Alles, dessen wir uns heute sicher sein können, ist: Was man uns vor einigen Jahren als sicher und unverrückbar beigebracht hat, ist inzwischen in die Vorhölle der entsorgten Irrtümer geworfen worden.

Ich glaube an die Wissenschaft, aber nicht an das, was man «Wissenschaft» nennt. Keine bewiesene Tatsache in der Natur steht gegen Gottes Offenbarung. Die netten Spekulationen der Anmaßenden können wir nicht mit der Bibel in Einklang bringen, und könnten wir es, würden wir es dennoch nicht tun.

Mir geht es wie dem, der sagte: «Ich kann einigermaßen nachvollziehen, wie diese hellen Köpfe herausgefunden haben, wie viel die Sterne wiegen und wie weit sie voneinander entfernt sind. Und ich sehe auch ein, dass sie mit dem Spektroskop herausgefunden haben, aus welchen Stoffen sie bestehen. Aber», so sagte er weiter, «das ist mir wirklich schleierhaft, wie sie herausbekommen haben, wie sie heißen.» Ganz genau.

Es ist die Fantasie-Abteilung der Wissenschaft, die vielen so lieb und wert ist, die wir nicht akzeptieren. Für viele ist das der wirklich wichtige Teil der Wissenschaft, die Abteilung «Rate-mal-und-denk-dir-was-aus», und die Malrater und Ausdenker kämpfen mit Hörnern und Zähnen dafür. Die Mythen der Wissenschaft sind ebenso falsch wie die Mythen der Heiden, aber das ist eben nun mal der Stoff, aus dem die Götter sind.

Ich sage es nochmals: Was die Tatsachen betrifft, steht die Wissenschaft nie mit den Wahrheiten der Heiligen Schrift im Konflikt, aber die übereilten Schlüsse, die aus diesen Tatsachen gezogen werden, und die als Tatsachen klassifizierten Erfindungen widersprechen der Bibel. Es kann ja gar nicht anders sein, weil Lüge und Fälschung nie mit der Wahrheit übereinstimmen.

Glaubt das, was bewiesen ist

Zwei Arten von Menschen haben großen Unfug angerichtet, und keine von beiden kann in dieser Sache als urteilsfähig in Betracht gezogen werden: Sie sind beide untauglich. Ein Schiedsrichter sollte beide Seiten einer Frage kennen, aber keiner von diesen beiden ist entsprechend informiert.

Da ist erstens der ungläubige Wissenschaftler. Was weiß er über den Glauben? Was kann er wissen? Wenn es um die Frage geht, ob Wissenschaft und Glaube vereinbar seien, taugt er nicht als Richter. Es ist doch klar, dass man beides kennen muss, um diese Frage entscheiden zu können.

Der zweite ist ein besserer Kerl, aber er schafft es, noch mehr Unfug anzurichten. Ich meine den unwissenschaftlichen Christen, der sich den Kopf zerbricht, weil er Bibel und Wissenschaft in Einklang bringen will. Er sollte es lieber bleiben lassen und nicht anfangen herumzubasteln. Diese Leute wollten ein Problem lösen und haben dabei den Fehler gemacht, entweder die Bibel «zurechtzubiegen» oder die Wissenschaft zu verzerren. Dass das Ergebnis nicht stimmen kann, hat man bald herausgefunden, und dann ertönt der Siegesschrei, dass die Bibel wieder einmal widerlegt sei. Doch dem ist nicht so. Es war nur ein unechter Glanz, der jetzt entfernt worden ist.

Da gibt es den guten Bruder, der einen hervorragenden Wälzer schreibt und beweisen will, dass die sechs Tage der Schöpfung sechs großen geologischen Perioden entsprächen. Und er zeigt, wie die geologischen Schichten und die darin enthaltenen Organismen weitgehend der Reihenfolge des Schöpfungsberichts entsprechen. Das kann so sein oder auch nicht. Aber wenn kurz darauf irgendjemand mir zeigt, dass die Schichten ganz anders angeordnet sind, was sage ich dann? Dann sollte ich sagen, die Bibel habe nie gelehrt, sie seien so angeordnet. Die Bibel sagt: «Am Anfang schuf Gott Himmel und Erde.» Das lässt genug Raum für eure Feueralter und Eiszeiten und all das, bevor dieses Zeitalter der Menschheit anbrach.[38]

Dann kommen wir zu den sechs Tagen, in denen der Herr die Himmel und die Erde schuf, und am siebenten Tag ruhte er. Hier wird nichts gesagt über lange Zeitalter. Im Gegenteil. «Es wurde Abend und wieder Morgen: Der erste Tag war vergangen», und beim zweiten war es genauso und bei den übrigen Tagen auch. Ich stelle hier keine weitere Theorie auf, ich sage nur: Wenn sich das dicke Buch unseres Freundes als Blödsinn herausstellt, kann die Bibel nichts dafür. Es ist wahr, seine Theorie scheint sich auf die Parallelen zu stützen, die er zwischen den Organismen der Erdzeitalter und den sieben Schöpfungstagen ausmachen kann. Aber die können einfach daher kommen, dass Gott in der Regel eine bestimmte Reihenfolge einhält, ganz egal, ob er in langen Zeiträumen arbeitet oder in kurzen.

Ich kenne mich in diesen Dingen nicht sonderlich aus, und es interessiert mich auch nicht wirklich. Ich will nur das sagen: Wenn man eine solche Erklärung zerschlägt, sollte man sich nicht einbilden, man hätte damit die Wahrheit der Schrift beschädigt, die angeblich dieser Erklärung bedarf. Man hat nur die hölzernen Palisaden verbrannt, mit denen wohlmeinende Leute die uneinnehmbare Festung zu schützen gedachten, die diese Verteidigung doch gar nicht braucht.

In den allermeisten Fällen lassen wir eine Schwierigkeit am besten auf sich beruhen, anstatt mit unserer Theorie eine neue zu kreieren. Warum ein zweites Loch in den Kessel schneiden, um das erste auszubessern? Vor allem dann, wenn das erste Loch gar nicht vorhanden ist und folglich auch keiner Reparatur bedarf.

Glaubt der Wissenschaft alles, was bewiesen ist; das wird nicht allzu viel sein. Ihr braucht nicht zu befürchten, dass es eurem Glauben zu viel werden könnte. Und dann glaubt alles, was eindeutig im Wort Gottes steht, ob es nun von außen bewiesen ist oder nicht. Wenn Gott spricht, braucht es keine Beweise. Wenn Gott es gesagt hat, ist das Beweis genug.

Wolfsabwehrtaktik

Aber man sagt uns, wir sollten einen Teil unserer altmodischen, überholten Theologie aufgeben, um den Rest zu retten. Wir sitzen in einem Wagen und fahren durch die russische Steppe. Die Peitschen knallen, und die Pferde galoppieren wie wild, aber die Wölfe sind uns auf den Fersen! Siehst du nicht die feurigen Augen? Wir sind in großer Gefahr. Was sollen wir tun?

Jemand schlägt vor, ein Kind hinauszuwerfen oder auch zwei. Solange sie das Baby fressen, können wir einen Vorsprung herausholen, aber wenn sie uns wieder einholen, was dann? Nun, sei ein Mann, *wirf deine Frau hinaus!* «Ein Mensch gibt alles her, was er besitzt, wenn er damit sein eigenes Leben retten kann.»[39]

Du kannst fast alle Wahrheiten aufgeben in der Hoffnung, eine zu retten. Wirf die Inspiration hinaus, und lass die Kritiker sie verschlingen. Wirf die Auserwählung hinaus samt all dem alten Calvinismus; die Wölfe haben ein Festmahl und die Herren, die uns weisen Rat gegeben haben, freuen sich, wenn die Lehre von der Gnade Stück für Stück zerrissen wird. Wirf die angeborene Verderbnis menschlicher Natur hinaus, die ewige Strafe und dann die Macht des Gebets.

Die Kutsche ist wunderbar erleichtert. Nun noch eins: *Opfere das große Sühneopfer!* Schluss mit der Sühne!

Ob es ihnen passt oder nicht

Brüder, dieser Rat ist niederträchtig und mörderisch. Diesen Wölfen entkommen wir ganz oder gar nicht. Wir wollen «die Wahrheit, die ganze Wahrheit, und nichts als die Wahrheit» oder überhaupt nichts. Wir werden niemals versuchen, die Hälfte der Wahrheit zu retten, indem wir schließlich jeden Teil der Wahrheit hinauswerfen. Der «weise» Rat, den man uns gegeben hat, bedeutet, Gott zu verraten und zu verkaufen und uns selbst bitter zu enttäuschen. Wir stehen mit allem, oder wir fallen.

Man sagt uns, wenn wir Zugeständnisse machten, kämen unsere Gegner uns auch einen Schritt entgegen. Aber es interessiert uns nicht, was sie tun, denn wir fürchten sie kein bisschen. Sie sind nicht die kaiserlichen Eroberer, die sie zu sein glauben. Wir erbitten kein Pardon von diesen Nichtsen.

Wir sind wie der Krieger, dem Geschenke angeboten wurden; man wollte ihn bestechen. Man sagte ihm, wenn er so viel Gold oder Land akzeptieren würde, könne er als siegreicher Held heimkehren und sich feiern lassen für seinen leichten Erfolg. Doch er erwiderte: «Die Griechen halten nichts von Zugeständnissen. Sie rühmen sich nicht der Geschenke, sondern der Beute.» Wir werden mit dem Schwert des Geistes die ganze Wahrheit aufrechterhalten; kein bisschen davon lassen wir uns von den Feinden Gottes schenken.

Wir halten die Wahrheit Gottes *als Gottes Wahrheit* aufrecht, und wir werden sie nicht nur deshalb beibehalten, weil die Philosophie dem zustimmt.

Wenn Wissenschaftler damit einverstanden sind, dass wir einen Teil der Bibel glauben, brauchen wir ihnen nicht zu danken – wir glauben, ob es ihnen passt oder nicht. Ihre Zustimmung ist für unseren Glauben etwa so wichtig wie die Zustimmung eines Franzosen dazu, dass London in englischer Hand ist, oder das Einverständnis des Maulwurfs, dass der Adler auf ihn hinuntersieht. Wenn Gott mit uns ist, soll diesen Ruhm uns keiner nehmen, sondern wir halten die ganze offenbare Wahrheit bis zum Ende fest.

Den ganzen Plan Gottes verkündigen

Brüder, vielleicht habe ich bei diesem ersten Teil meiner Predigt zu lange verweilt, aber jetzt sage ich: Wenn wir das glauben, übernehmen wir die Verantwortung, alles zu predigen, was wir im Wort Gottes sehen, soweit wir es sehen können. Wir lassen keinen Teil der ganzen Offenbarung Gottes willentlich aus. Am Ende wollen wir sagen können: «Ich habe nichts verschwiegen, sondern euch den ganzen Plan Gottes zur Rettung der Welt verkündet.»[40]

Welches Unheil kann es anrichten, wenn man einen Teil der Wahrheit auslassen oder in einen falschen Zusammenhang stellen will! Nicht alle guten Leute werden mir zustimmen, wenn ich sage, dass das Hinzufügen der Säuglingstaufe zum Wort Gottes – denn dort ist sie sicher nicht zu finden – Unfug ist.

Auf den Schultern der Säuglingstaufe reitet die Taufwiedergeburt. Ich weiß, wovon ich spreche. Ich habe Briefe erhalten von Missionaren, keine Baptisten, sondern Wesleyaner und Kongregationalisten, und sie schrieben: «Hier» – (ich sage nicht, wo, um diese lieben Leute nicht in Schwierigkeiten zu bringen) – «hier sind eine Menge Leute, die Kinder von Bekehrten sind, sie sind getauft und deshalb nennt man sie Christen; aber sie sind kein bisschen besser als die Heiden um sie herum. Sie scheinen zu glauben, dass sie Christen sind, weil man sie ja getauft hat. Auch die Heiden halten sie für Christen, aber ihr schlechter Lebensstil ist ein ständiger Anstoß und ein schlimmer Stolperstein.» Dies gilt auch für viele andere Fälle, ich habe das nur als Beispiel angeführt.

Es könnte auch irgendein anderer Irrtum sein, der eingeführt wird, oder eine wichtige Wahrheit, von der man nichts wissen will – es kommt nichts Gutes dabei heraus. Nehmen wir die schrecklichen Wahrheiten, die wir als «Schrecken des Herrn» kennen; wenn wir sie unterschlagen, hat das die traurigsten Ergebnisse zur Folge.

Ein guter Mann, den wir nicht akzeptieren als einen, der in dieser ernsten Angelegenheit die genaue Wahrheit lehren würde, hat immerhin ständig Leserbriefe verfasst und betont, es sei die große Schwäche der modernen Kanzel, dass sie Gottes Gerechtigkeit und die Strafe für die Sünde ignoriere. Sein Zeugnis ist wahr, und das Übel, auf das er seinen Finger legt, ist unüberschaubar groß.

Man kann nicht diesen dunklen und ernsten Teil der Wahrheit auslassen, ohne die Kraft aller anderen Wahrheiten, die man predigt, zu schwächen. Wenn man den kommenden Zorn verschweigt, beraubt man die Wahrheit von der Errettung ihrer Strahlkraft und ihrer Dringlichkeit.

Brüder, lasst nichts aus. Seid kühn genug, um auch die schwerer verdauliche und die unbeliebte Wahrheit zu predigen. Das Übel, das wir provozieren, wenn wir zum Wort des Herrn etwas hinzufügen oder wegnehmen, trifft vielleicht nicht in unseren Tagen ein. Aber auch wenn es in einer folgenden Generation zur Reife kommt, trifft uns doch die gleiche Schuld.

Ich habe keinen Zweifel daran, dass die Unterschlagung bestimmter Wahrheiten in der frühen Christenheit später zu folgenschwerem Irrtum führte. Und so manche Hinzufügung von Riten und Zeremonien, die an sich harmlos sind, hat schließlich zum großen Abfall in der römischen Kirche geführt!

Seid sehr vorsichtig. Geht keinen Zollbreit über die Linie der Bibel hinaus, und bleibt keinen Zollbreit hinter ihr zurück. Haltet euch an die gerade Linie des Wortes Gottes, soweit der Heilige Geist euch gelehrt hat, und haltet nichts von dem zurück, was er euch offenbart hat.

Erkühnt euch nicht, die beiden Verordnungen abzuschaffen, die der Herr Jesus eingesetzt hat.[41] Aber stilisiert sie auch nicht zu heilsnotwendigen Gnadenmitteln hoch, wie es andere abergläubisch getan haben.

Haltet euch an die Offenbarung des Heiligen Geistes. Denkt daran, dass ihr Rechenschaft ablegen müsst. Und wenn ihr mit Gottes Wahrheit gespielt habt, werdet ihr keine Freude haben an eurem Rechenschaftsbericht. Erinnert euch an die Geschichte von Gylippos, dem Lysander Taschen mit Gold anvertraute, um sie den Obersten der Stadt zu bringen. Die Taschen wurden oben zugenäht und versiegelt; aber Gylippus dachte, er könnte sie unten aufschneiden und einen Teil der Münzen für sich nehmen und anschließend den Boden wieder zunähen. So würden die Siegel unbeschädigt bleiben und keiner käme auf den Gedanken, dass er Gold entnommen hätte. Als die Taschen dann geöffnet wurden, musste er zu seinem Entsetzen feststellen, dass in jeder Tasche ein genaues Inhaltsverzeichnis lag. So wurde sein Raub doch entdeckt.

Das Wort Gottes hat eine eingebaute Sicherung. Ihr könnt nicht mit einem Teil davon weglaufen, ohne dass der Rest euch anklagt und verurteilt. Wie werdet ihr «an jenem Tag» antworten, wenn ihr etwas hinzugefügt oder weggenommen habt? Es steht mir nicht zu, euch zu sagen, was *ihr* für die Wahrheit Gottes halten solltet; aber was auch immer ihr dafür haltet, predigt es alles, und predigt es eindeutig und verständlich.

Wenn wir in manchem anderer Meinung sind, sind diese Unterscheide eher gering, wenn wir beide gleichermaßen ehrlich, aufrichtig und gottesfürchtig sind. Nicht, dass wir unsere Überzeugungen verschweigen, führt zum Frieden, sondern dass wir sie in der Kraft des Heiligen Geistes offen aussprechen.

«Und auch Sie werden es nicht herausfinden!»

Noch etwas. *Wir akzeptieren die Verpflichtung, alles zu predigen, was im Wort Gottes steht, und zwar eindeutig und bestimmt.* Predigen nicht viele nur vage und reden das Wort Gottes betrügerisch? Man kann sie jahrelang predigen hören und weiß immer noch nicht, was sie glauben.

Ich hörte von einem bestimmten vorsichtigen Prediger, der von einem Zuhörer gefragt wurde: «Was denken Sie über die Sühne?» Er antwortete: «Mein sehr geehrter Herr, genau das habe ich noch niemandem gesagt, und auch Sie werden es nicht von mir erfahren.» Für einen Prediger des Evangeliums ist das eine seltsame, fragwürdige Einstellung. Aber ich befürchte, dass er mit seiner Verschwiegenheit in solchen Fragen nicht allein ist. Sie sagen, dass sie «im Stillen leiden»; das heißt, sie behalten ihre Zweifel für sich, sozusagen für den Hausgebrauch. Viele wagen es nicht, öffentlich zu sagen, was sie im kleinen Kreis bei Kollegen unter dem Siegel der Verschwiegenheit äußern. Ist das ehrlich?

Ich befürchte, um einige steht es so wie um jenen Schulmeister in einem Städtchen in den Südstaaten in Amerika. Ein großartiger alter schwarzer Prediger namens Jasper hatte seine Leute gelehrt, die Erde sei flach wie ein Pfannkuchen, und die Sonne umkreise sie jeden Tag. Diesen Teil seiner Lehre übernehmen wir nicht; aber einige seiner Zuhörer hatten sie angenommen. Und einer von ihnen ging mit seinem Sohn zum Schulmeister und fragte diesen: «Was bringen Sie den Kindern bei, ist die Erde rund oder flach?» Der vorsichtige Schulmeister antwortete: «Ja.» Das genügte dem Fragesteller nicht, er bat um eine eindeutigere Antwort: «Lehren Sie die Kinder, dass die Erde rund ist oder dass sie flach ist?» Darauf antwortete der amerikanische Schulmeister: «Nun, das kommt ganz auf die Meinung der Eltern an.»

Ich vermute, dass es auch in Großbritannien in einigen wenigen Fällen sehr auf die Meinung des Hauptpastors oder des spendabelsten Unterstützers oder der populären Mitglieder der Jugend in der Gemeinde ankommt. So etwas ist ein Schwerverbrechen.

Ausspucken, aber am richtigen Ort

Ob es nun aus diesem oder aus irgendeinem anderen Grund geschieht, Doppelzüngigkeit beim Lehren richtet größten Schaden an. Ich wage es, hier eine Geschichte zu erzählen, die ich von einem lieben Bruder gehört habe.

Ein Schmarotzer sprach einen Prediger an und wollte Geld von ihm haben. Dem guten Mann sagte das Äußere des Bettlers nicht gerade zu, und so antwortete er ihm: «Ihr Fall ist mir gleichgültig, und ich sehe keinen besonderen Grund, warum Sie gerade zu mir kommen sollten.» Der Bettler entgegnete: «Sie würden mir sicher helfen, wenn Sie wüssten, welch ein Segen Ihr Dienst für mich gewesen ist.» – «Und das wäre?», fragte der Pastor, und der Bettler antwortete: «Nun, mein Herr, am Anfang habe ich mich weder um Gott noch um den Teufel geschert, aber jetzt, unter Ihrem gesegneten Dienst, *sind mir beide lieb geworden.*»

Was Wunder, wenn bei den gerissenen Vorträgen mancher Prediger die Leute sowohl Wahrheit als auch Fälschung lieb gewinnen! Sie werden sagen: «Diese Lehre gefällt uns, und die andere auch.» In

Wahrheit gefällt ihnen alles, wenn ein schlauer Verführer es ihnen nur plausibel machen kann. Sie bewundern Mose und Aaron, aber gegen Jannes und Jambres[42] würden sie kein Wort sagen. Einem Bündnis, das sich als so umfassend versteht, werden wir uns nicht anschließen. Wir müssen das Evangelium so klar predigen, dass unsere Zuhörer wissen, was wir sagen. «Wenn der Trompeter nicht ein klares Signal gibt, wird sich kein Soldat auf den Kampf vorbereiten.»[43]

Verwirrt eure Leute nicht mit Zweifeln. Einer sagte: «Ich hatte neulich eine Idee. Ich habe mich nicht weiter damit befasst, ich habe sie einfach mal ausgespuckt.» Das ist ein guter Impuls, tut das mit den meisten eurer neuen Ideen: Spuckt sie aus, unbedingt; aber überlegt euch gut, wo ihr das tut. Denn wenn ihr gerade auf der Kanzel steht, könntet ihr jemanden treffen und seinem Glauben eine Wunde zufügen. Spuckt eure Fantasien aus, aber steigt vorher in ein Boot und fahrt eine Meile weit auf die See hinaus. Wenn ihr eure unbedachten Trivialitäten dann ausgespuckt habt, überlasst sie den Fischen.

Der Fuchs bleibt ein Fuchs

Wir haben heutzutage Leute um uns, die Christus predigen, und sie predigen sogar das Evangelium. Aber sie predigen eine Menge Unwahres dazu, und damit machen sie alles zunichte, was sie an Gutem bewirken, und verlocken ihre Zuhörer zum Irrtum. Sie geben sich «bibeltreu» und gehören doch zu einer Schule, die ganz und gar nicht bibeltreu ist. Nehmt euch in Acht vor diesen Herren.

Ich habe gehört, dass ein Fuchs, wenn ihm die Jagdhunde zu nahe kommen, tut, als wäre er einer von ihnen, und mit ihnen rennt. Genau darauf zielen einige es ab: *Man soll die Füchse für Hunde halten.* Aber das funktioniert nicht lange; der Fuchs riecht nach Fuchs, und die Hunde finden ihn bald heraus. Und so ist es auch mit dem Geruch der falschen Lehre: Sie bleibt nicht lange verborgen, und dann ist das Spiel zu Ende.

Es gibt Prediger, von denen wir kaum sagen können, ob sie Hunde oder Füchse sind. Aber jeder sollte wissen, wer wir sind, und sie sollen ohne jeden Zweifel wissen, was wir glauben und lehren. Wenn wir das mitteilen wollen, was wir für die grundlegende Wahrheit halten, werden wir nicht zögern, die deutlichsten Wörter zu gebrauchen, die wir finden können, und in den verständlichsten Sätzen zu sprechen, die wir bilden können.

Das alles gehört zu meinem ersten Punkt. Deshalb dürfen die anderen beiden nicht mehr so viel Zeit in Anspruch nehmen, obwohl ich sie für viel wichtiger halte.

2

Unser Heer

Nun lasst uns *unser Heer* betrachten.

Was kann ein Einzelner in einem großen Kampf schon ausrichten? Wir gehören zusammen, wir sind *ein* Volk des Herrn. Wir brauchen unsere Gemeindeglieder als unsere Kameraden; sie müssen hinausgehen und Seelen für Christus gewinnen. Wir brauchen die Mitarbeit aller unserer Geschwister. Was soll zustande kommen, wenn nicht die Erretteten losgehen, alle zusammen, damit andere errettet werden?

Nun kann man fragen: *Gemeinde, Kirche, muss das denn überhaupt sein?* Brauchen wir ein Heer von Heiligen, das nur aus Heiligen besteht, oder sollten wir auch Atheisten aufnehmen?

Ihr habt gehört von der «Kirche von morgen», die wir *anstelle* der Kirche Jesu Christi haben sollen. Ihr radikaler Flügel will auch Atheisten aufnehmen, und deshalb darf man mit Sicherheit annehmen, dass sie auch bösen Mächten Zutritt gewähren. Welch eine wunderbare Kirche wird das sein! …

Nun, es wird alles sein, was ihr euch vorstellen könnt, nur keine Kirche. Wenn Christi Streiter alle Rebellen der Gegenseite in ihre Reihen aufgenommen haben, sind sie dann überhaupt noch Christi Heer? Wäre das nicht vielmehr eine Kapitulation, noch bevor die Auseinandersetzung wirklich begonnen hat? So verstehe ich es.

Die Körperschaft der Gläubigen

Wir müssen nicht nur glauben, dass es eine Kirche Gottes gibt, wir müssen sie auch ausdrücklich anerkennen. Es gibt Denominationen, die erkennen alles Mögliche an, nur nicht die Kirche. So etwas wie eine beschlussfähige Gemeindeversammlung kennen sie nicht.

Für manche ist «die Kirche» ein anderes Wort für den Klerus, die «Geistlichkeit». Aber eigentlich bezeichnet «Kirche» die Körperschaft der Glaubenden, und diese sollten die Möglichkeit haben, zusammenzukommen und als Kirche zu handeln. Ich sage, dass die Kirche Jesu Christi Gottes Werk im Lande ausführen sollte. Letztendlich hat unser Herr Jesus alle Macht und alle Weisungsbefugnis, und diese sollten ihm unterstellt sein, aber sie sollten nicht in der Hand einiger weniger offizieller Amtsträger, sondern in der Hand der ganzen Körperschaft der Gläubigen liegen.

Wir müssen die Kirche, die Gott uns anvertraut hat, mehr und mehr anerkennen. Und wenn wir das tun, wird sie eine Stärke gewinnen, die ansonsten brachliegen würde. Wenn Jesus Christus die Kirche anerkennt, ist sie es wert, dass auch wir als ihre Diener sie anerkennen.

Unvollkommen und doch eine erlesene Gesellschaft

Ja, wir glauben, dass es eine Kirche geben sollte. Aber Kirchen können sehr enttäuschend sein. Jeder Pastor einer großen Gemeinde wird das schon am eigenen Leibe erlebt haben. Ich wüsste nicht, dass die Gemeinden heute schlechter wären, als sie zur Zeit des Apostels Paulus zu sein pflegten – oder etwa besser. Die Gemeinde in Korinth und die in Laodizäa und anderen Städten hatten ernsthafte Mängel. Also wundern wir uns nicht, wenn auch unsere Gemeinden ernsthafte Mängel aufweisen. Aber lasst uns darüber Leid tragen und gleichzeitig nach einem höheren Standard streben.

Natürlich sind unsere Gemeindeglieder nicht so vollkommen, wie sie sein sollten; wir sind es auch nicht. Und doch, wenn ich mir aussuchen könnte, wozu ich gehören wollte, wenn ich eine erlesene Gesellschaft suchen müsste, würde ich mich ganz sicher an die Glieder meiner Gemeinde wenden.

Dies soll mein Umgang sein,
nein, bessre Freunde gibt es nicht.[44]

Oh Jerusalem, ich liebe dich mit allen deinen Fehlern! Das Volk Gottes ist immer noch die Krone der Menschheit. Gott segne es! Ja, wir brauchen eine Gemeinde.

Falsche Statistiken

Was macht eine Gemeinde zur Gemeinde: die tatsächlich Beteiligten oder die, die laut Statistik zur Gemeinde gehören? Das hängt vor allem von euch ab, liebe Brüder.

Ich möchte euch wärmstens empfehlen: Habt lieber keine Gemeinde als eine unwirkliche. Viel zu oft sind religiöse Statistiken erschreckend falsch. Wir wissen ja, dass in bestimmten Kreisen die Kunst der Manipulation von Statistiken keine unbekannte ist. Neulich hörte ich von einem Fall, wo eine Zunahme von vier verzeichnet wurde, aber bei genauem Hinschauen müssen fünfundzwanzig gegangen sein. Ist es nicht Lüge, wenn man Zahlen manipuliert? Man kann Zahlen etwas beziffern lassen, was doch ganz anders beziffert werden sollte.

Tut so etwas nie. Lasst keine Namen im Buch stehen, wenn es nur noch Namen sind. Manche gute alte Leute würden diese Namen gern dort behalten und können es nicht ertragen, wenn sie entfernt werden. Aber wenn du nicht weißt, wo diese Individuen sind oder was sie sind, wie kannst du sie dann zählen? Sie sind nach Amerika gegangen oder nach Australien oder in den Himmel, aber laut deiner Liste sind sie immer noch bei dir. Ist das recht? Es kann schon sein, dass die Liste nie hundertprozentig zutreffend ist, aber wir wollen danach streben.

Wir sollten das wirklich ernst nehmen und uns reinigen von dem Übel gefälschter Zahlen, denn Gott segnet keine Karteileichen. Es ist nicht seine Art, mit Leuten zusammenzuarbeiten, die eine falsche Rolle spielen. Wenn nicht zu jedem Namen ein echtes Gesicht gehört, dann überarbeitet eure Liste. Haltet eure Gemeinde echt und wirksam, oder erstellt keine Berichte mehr. Eine Gemeinde von Papiertigern ist eine Lüge. Lasst sie sein, was sie wirklich ist. Vielleicht haben wir keine hervorragende Statistik, aber wir sollten die Fakten kennen.

Gemeindewachstum

Aber soll diese Gemeinde wachsen, oder soll sie aussterben? Sie wird entweder das eine oder das andere tun. Wir werden sehen, wie unsere Freunde in den Himmel gehen, und wenn sich keine jungen Männer und jungen Frauen bekehren und hereinkommen und hinzugefügt werden, dann ist die irdische Gemeinde eben ausgewandert und gehört nun zur triumphierenden Gemeinde droben. Aber was nützt das dem Anliegen und dem Reich des Meisters hier auf Erden?

Wir sollten weinen, beten, flehen um das beständige Wachstum der Gemeinde. Dafür predigen wir und machen Hausbesuche; wir beten und mühen uns, damit das geschieht. Möge der Herr täglich hinzufügen, die gerettet werden! Wenn es keine Ernte gibt, haben wir dann den wahren Samen ausgestreut? Predigen wir wirklich die Lehre der Apostel, wenn wir nie die apostolische Frucht sehen? Oh meine Brüder, wenn die Herde unter unserer Obhut nicht wächst, sollte es uns das Herz brechen. Oh Herr, wir flehen dich an, gib Wachstum und Gelingen!

Gemeinde und Gebet

Damit eine Gemeinde das sein und tun kann, was Gott für sie geplant hat, *müssen wir sie üben in der heiligen Kunst des Gebets*. Traurig, aber wahr: So viele Gemeinden haben keine Gebetsversammlungen. Auch wenn es nur eine einzige solche Gemeinde gäbe, es wäre zum Weinen.

In vielen Kirchen ist das Gebetstreffen nur das Skelett einer Versammlung: Der Termin steht, aber es kommt kaum jemand. Sie haben kein Interesse daran, keine Kraft dafür übrig. Oh, meine Brüder, möge es bei euch anders sein! Lehrt und trainiert eure Leute, regelmäßig zum Gebet zusammenzukommen. Weckt sie auf, damit sie bitten und nicht nachlassen. Darin liegt eine heilige Kunst.

Übt euch selbst darin, und der Gebetseifer eurer

Leute wird euch bestätigen. Wenn ihr selbst betet, werdet ihr wollen, dass sie mit euch beten. Und wenn sie erst einmal mit euch beten und für euch und für das Werk des Herrn, dann wollen sie mehr davon, ihr Appetit wächst. Glaubt mir, wenn eine Gemeinde nicht betet, ist sie tot. Das gemeinsame Gebet sollte nicht an letzter Stelle stehen, es sollte das Wichtigste sein. Eine Gemeinde steht und fällt mit ihrer Gebetsmacht.

Gemeinde und Dienst

In unseren Gemeinden sollte jeder Gott dienen. Was nützt es, wenn die Gemeinde nur zusammenkommt, um Predigten zu hören, wie eine Familie sich um den Esstisch versammelt? Was nützt es, wenn sie nicht auch wirkt? Legen nicht viele nur Lippenbekenntnisse ab und sind träge, das Werk des Herrn zu tun, aber ihren eigenen Geschäften gehen sie eifrig nach?

Weil die Christen müßiggehen, verlangen sie nach Unterhaltung und aller Art von Unsinn. Würden sie für den Herrn Jesus wirken, würden wir nichts von alledem hören. Eine gute Frau sagte zu einer Hausfrau: «Frau Soundso, wie schaffen Sie es nur, sich zu amüsieren?» –

«Wieso fragen Sie so etwas?», antwortete diese. «Meine Liebe, Sie sehen doch die vielen Kinder, in meinem Haus gibt es viel zu tun.» – «Ja», sagte die andere, «das sehe ich schon. Ich sehe, dass es in Ihrem Haus viel zu tun gibt. Aber es wird nicht getan, und deshalb frage ich mich, wie Sie es schaffen, sich zu amüsieren.»

Eine christliche Gemeinde hat viel zu tun in ihrem Einzugsbereich, in der Nachbarschaft und im Stadtteil, für die Armen und die Gestrauchelten und in der Mission und so weiter. Wenn sie sich darum kümmert, haben Hirne und Herzen und Hände reichlich zu tun, und keiner fragt nach Zerstreuung und Unterhaltung. Lasst aber Müßiggang herein und diesen Geist, der über die Faulen herrscht, und der Wunsch nach Unterhaltung erwacht. Schöne Unterhaltung! Es gibt Gemeinden, die tragen ihre Frömmigkeit zur Schau, und es ist reine Farce; und sie wollen lieber eine Maskerade sehen, als gemeinsam zu beten.

Ich kann es nicht verstehen. Wer vor Liebe zu Jesus glüht, hat kaum Bedürfnis nach Unterhaltung. Für so Oberflächliches hat er einfach keine Zeit. Es ist ihm todernst damit, Seelen zu retten und die Wahrheit aufzurichten und das Reich seines Herrn auszubreiten. Ich habe immer einen Drang für die Sache Gottes verspürt, und wenn dies getan war, gab es etwas anderes zu tun, und dann noch etwas, und dann wieder etwas. Die Frage war, eine Gelegenheit zu finden, das zu tun, was getan werden musste, und ich hatte keine Zeit, mich herumzutreiben und nach Belustigung zu suchen. Oh, hätten wir eine wirkende Gemeinde!

Als unser lieber Freund Herr Oncken[45] noch lebte, fragten die Gemeinden in Deutschland jedes ihrer Glieder: «Was willst du für Jesus tun?», und die Antwort wurde in ein Buch geschrieben. Das Einzige, was von jedem Gemeindeglied erwartet wurde, war, dass es für seinen Retter etwas tat. Wenn jemand untätig wurde, war das ein Grund für Gemeindezucht, denn wer nur Lippenbekenntnisse ablegte, dem konnte nicht erlaubt werden, in der Gemeinde zu bleiben wie eine Drohne unter den Arbeitsbienen. Er musste etwas tun oder aber gehen. Oh, hatten wir Weinberge, in denen kein unfruchtbarer Feigenbaum den Weinstöcken den Platz wegnimmt und dem Boden die Kraft raubt!

Zurzeit wird der größte Teil unseres heiligen Kampfes von einigen wenigen Ernsthaften geführt, die alles geben. Die anderen liegen entweder im Lazarett, oder sie sind einfach nur Zivilisten, die sich im Heereslager herumtreiben. Wir sind dankbar für die wenigen Hingegebenen. Aber wir schmachten danach, dass das Feuer des Altars alles verzehrt, was erklärtermaßen darauf gelegt wurde.

Gemeinde der Heiligen

Brüder, wir wollen *Gemeinden, die Heilige hervorbringen* – Menschen von mächtigem Glauben und anhaltendem, siegreichem Gebet; Menschen, die heilig leben und bereitwillig geben; Menschen, die mit dem Heiligen Geist erfüllt sind. Wir sollten große Trauben solcher Leute haben, wenn wir wirklich Reben am wahren Weinstock sind.

Wie würde ich mir wünschen, in jeder Gemeinde gäbe es eine Maria, die zu den Füßen Jesu sitzt, eine Marta, die Jesus dient, einen Petrus, einen Johannes; aber der beste Name für eine Gemeinde wäre doch «Alle-Heiligen». Alle Gläubigen sollten Heilige sein, und alle können Heilige sein. Mit den «Heiligen der letzten Tage» haben wir nichts zu schaffen, aber wir lieben die Heiligen aller Tage.

Oh, hätten wir nur mehr von ihnen! Gott helfe uns, dass alle Gläubigen, jeder Einzelne, zur Fülle der vollen

Mannesreife in Christus gelangen, dann werden wir noch Größeres sehen. Die herrlichen Zeiten brechen an, wenn die Gläubigen zu herrlichen Persönlichkeiten geworden sind.

Gemeinde und Lehre

Wir wollen Gemeinden, die die Wahrheit kennen und in den Dingen Gottes gut unterrichtet sind. Manche Christen wissen so wenig. Sie kommen und hören, und du unterweist sie nach der Fülle deiner Weisheit, aber wie wenig gelangt in ihre Vorratskammer, wie wenig davon machen sie sich zunutze, wie wenig werden sie dadurch erbaut!

Brüder, der Fehler liegt zum Teil bei uns und zum Teil bei ihnen. Wären wir bessere Lehrer, wären sie bessere Schüler. Seht doch, wie wenig viele wissen, die sich Christen nennen. Sie können lebendige Wahrheit nicht von tödlichem Irrtum unterscheiden. Die altmodischen Gläubigen konnten alles, was sie glaubten, mit Kapitel und Vers hersagen, aber wie selten sind sie geworden! Unsere ehrwürdigen Großväter kannten sich aus, wenn von «den Bünden» die Rede war.

Ich liebe es, wenn jemand den Gnadenbund liebt und seine Theologie darauf gründet; die Lehre von den Bünden ist die wichtigste aller Theologien. Die den Herrn fürchteten, sprachen oft miteinander. Sie sprachen über das ewige Leben und alles, was daraus erwächst. Sie hatten ein solides Argument für diese Überzeugung und einen guten Grund für jene Lehre, und wenn man sie durcheinanderbringen wollte, machte man nur sich selbst lächerlich – man hätte genauso gut die Grundfesten des Universums erschüttern wollen. Sie waren standhaft und ließen sich nicht von jedem Wind der Lehre umhertreiben. Sie wussten, was sie wussten, und was sie gelernt hatten, daran hielten sie fest.

Was soll aus unserem Land werden bei dem gegenwärtigen Platzregen des Papsttums, der von den Ritualisten auf uns herniederprasselt, wenn unsere Gemeinden nicht eine Übermacht an gefestigten Gläubigen haben, die zwischen der Belebung durch den Heiligen Geist und dem Surrogat bloßer Zeremonien unterscheiden können? Was soll aus unseren Gemeinden werden in diesen Tagen des Skeptizismus, wo sich der spitze Finger des Zweifels auf jede bestätigte Wahrheit richtet, wenn nicht unsere Leute die Wahrheit des Evangeliums in ihren Herzen eingeschrieben in sich tragen? Oh, hätten wir doch eine Gemeinde von durch und durch Gläubigen, gefeit vor den zerstörerischen Zweifeln, die über uns ausgegossen werden!

Gemeinde und Mission

Und doch wäre all das noch nicht genug. *Wir wollen eine missionarische Gemeinde,* die hinausgeht und ein Volk zu Gott versammelt, ein Volk aus allen Teilen der Welt. Eine Gemeinde ist ein seelenrettendes Unternehmen, oder sie ist nichts. Wenn das Salz auf seine Umgebung keine fäulnishemmende Wirkung mehr hat, wozu ist es dann noch gut? Aber einige scheuen davor zurück, sich in ihrer Nachbarschaft zu engagieren, weil die Leute so arm und so böse sind.

Ich erinnere mich an einen Prediger, er lebt nicht mehr. In vieler Hinsicht war er ein sehr guter Mensch. Aber eine Antwort, die er mir auf eine Frage gab, hat mich doch äußerst erstaunt. Ich machte eine Bemerkung über die schlimme Umgebung seines Gemeindehauses und fragte: «Habt ihr Gelegenheit, etwas für diese Leute zu tun?» Er antwortete: «Nein, und fast bin ich froh, dass keiner von ihnen zu uns kommt, denn wenn sich jemand von ihnen bekehren würde, das wäre für uns eine enorme Belastung.»

Ich kannte ihn schon als einen Ausbund an Vorsicht und Umsicht, aber das überraschte mich dann doch, und ich suchte nach einer Erklärung. «Nun ja», sagte er, «wir müssten uns um sie kümmern. Sie sind überwiegend Diebe und Huren, und wenn sie sich bekehren, verlieren sie ihren Lebensunterhalt; aber wir sind selber arm und könnten sie dann nicht unterstützen.»

Er war ein frommer Mann, und eine Unterhaltung mit ihm war immer gewinnbringend. Und doch war er mit der Zeit zu dieser Ansicht gekommen. Seine Leute brachten mit Müh und Not die Mittel für den Gemeindesaal und seinen Lebensunterhalt auf. Die eisige Knappheit hatte den Eifer der Gnade erstarren lassen, und die Freundlichkeit seiner Seele war erfroren. Seine Worte zeugten von sehr viel gesundem Menschenverstand, und doch war es schrecklich, dass er das so sagen konnte. Wir wollen ein Volk, das nicht für immer singt:

Wir sind ein Garten, der fest ist ummauert,
auserwählt, edel und gnadenbewehrt.
Wohl ist er klein, doch aufs Allerbest' bestellt,
abgesondert von der wüsten, wilden Welt.

So etwas kann man wohl gelegentlich singen, aber nicht im Sinne von: «Wir sind sehr wenige, und das ist gut so.» Nein, nein, Brüder! Wir sind eine kleine Abteilung von Soldaten des Königs, die in einem fremden Land die Festung verteidigen sollen. Und doch wollen wir nicht nur die Stellung halten, sondern den Einflussbereich unseres Herrn erweitern.

Wir lassen uns nicht verjagen, im Gegenteil, wir werden die Kanaaniter verdrängen. Dieses Land gehört uns, der Herr hat es uns gegeben, und wir werden es einnehmen. Möge der Geist der Entdecker und Eroberer uns entzünden, und mögen wir nicht ruhen, solange es noch eine Gesellschaftsschicht gibt, die noch nicht errettet, und eine Region, die noch nicht evangelisiert ist!

Errettet, um zu retten

Wir rudern wie die Mannschaft auf dem Rettungsboot auf stürmischer See, und wir haben es eilig, zu dem sinkenden Schiff zu kommen, wo die Menschen ertrinken. Wenn wir das alte Wrack nicht bergen können, wollen wir doch zumindest mit Gottes Hilfe die

Ertrinkenden bergen und die Erlösten an das Ufer der Errettung bringen.

Wir haben den gleichen Auftrag wie unser Herr: die Auserwählten Gottes zusammenzuführen, damit sie in Gottes Herrlichkeit leben mögen. Jeder Errettete sollte unter Gott selbst zum Retter werden. Solange die Kirche noch nicht an diesem Punkt angekommen ist, ist sie noch nicht im richtigen Zustand. Die auserwählte Kirche ist errettet, um andere zu retten; gereinigt, um zu reinigen; gesegnet, um zu segnen.

Die ganze Welt ist ihr Acker, und alle ihre Glieder sollten ihn für den großen Landmann bestellen. Brachland soll wieder bebaut und Ödland unter den Pflug genommen werden, bis die Steppe blüht wie ein Meer von Lilien. Wir dürfen uns nicht damit zufriedengeben, dass wir halten, was wir haben – wir müssen in das Gebiet des Fürsten der Finsternis vordringen.

Diener der Gemeinde

Meine Brüder, was haben wir mit dieser Kirche zu tun? Welche Position haben wir in ihr? *Wir sind Diener.* Mögen wir immer unseren Platz kennen und einnehmen! Die höchste Position in der Gemeinde hat immer der, der gern den untersten Platz wählt. Hingegen wird der, der der Größte unter seinen Brüdern sein will, hinuntersinken und der Niedrigste von allen sein.

So mancher könnte etwas gewesen sein, hätte er nicht so an sich selbst gedacht. Wer groß von sich denkt, ist in Wahrheit klein. Wer über Gottes Erbteil herrscht, ist ein Eindringling im Heerlager. Aber wer in seinem Herzen immer bereit ist, auch dem Geringsten in der Familie zu dienen; wer dazu bereit ist, dass ihm etwas abverlangt wird; wer seinen guten Ruf und seine Freundschaften um Christi willen gern aufgibt, der wird seinen himmlischen Auftrag ausführen. Wir sind nicht gesandt, um uns bedienen zu lassen, sondern um zu dienen. Lasst uns unserem Geliebten zusingen:

Kein Lamm in deiner ganzen Herd',
das ich wollt weiden nicht;
Kein Feind, der mir zu stark und hehr,
vor dem ich fürchte mich,
zu streiten, Herr, für dich.

Vorbilder der Herde

Wir sollen Vorbilder der Herde sein. Jemand, den man nicht getrost nachahmen kann, gehört nicht auf die Kanzel. Habe ich da etwas gehört von einem Prediger, der immer recht behalten wollte? Oder von einem anderen, der knauserig und gierig war? Oder von einem Dritten, dessen Reden zweideutig und anzüglich waren? Oder von einem Vierten, der selten vor elf Uhr das Bett verließ?

Ich hoffe doch sehr, dass dieses letzte Gerücht reine Erfindung ist. Ein fauler Diener, was soll aus dem werden? Ein Pastor, der sein Amt vernachlässigt? Will er in den Himmel kommen? Beinahe hätte ich gesagt: «Wenn er überhaupt dorthin kommt, dann je früher, je lieber.» Ein fauler Prediger ist eine Kreatur, die bei den Menschen verachtet ist, und für Gott ist er ein Gräuel.

«Was, ihr speist euren Prediger mit 50 Pfund im Jahr ab?», wies ich einen Bauern zurecht. «Davon kann der arme Mann doch nicht leben.» Die Antwort war: «Sir, ich sage Ihnen was. Wir geben ihm viel mehr, als er verdient.» Traurig, wenn so etwas gesagt werden kann. Es ist eine Beleidigung für alle, die dieser heiligen Berufung Folge leisten.

Wir sollen in allem Vorbilder der Herde sein. In allem Fleiß, in aller Sanftmut, in aller Demut, in aller Heiligung sollen wir exzellent sein. Wenn Cäsar in den Krieg zog, mussten seine Soldaten viel ertragen. Und warum ertrugen sie es? Weil sie wussten, dass es Cäsar nicht besser erging als ihnen. Wenn sie marschierten, marschierte er auch; hatten sie Durst, dürstete ihn auch, und in der Schlacht war er immer dort, wo der Kampf am härtesten war. Wir sind Offiziere im Heer Christi, und deshalb müssen wir mehr geben als die anderen.

Wir sollten nicht «Vorwärts!» brüllen, sondern: «Mir nach!» Unsere Leute erwarten mit Fug und Recht von uns, dass wir zu den Selbstlosesten, den Arbeitsamsten, den Ernsthaftesten in der Gemeinde zumindest gehören, *und noch ein wenig darüber hinaus*. Wir können nicht erwarten, dass unsere Gemeinde heilig lebt, wenn wir, die wir ihr Vorbild sein sollen, nicht heilig leben. Wenn aber in einigen unserer Brüder für jedermann Hingabe und Heiligung zu erkennen sind, dann hat Gott sie gesegnet, und Gott wird sie mehr und mehr segnen. Wo es aber an Hingabe und Heiligung fehlt, brauchen wir nicht weit zu gehen, um den Grund unseres Misserfolgs zu finden.

✦ ✦ ✦

Ich habe euch noch viel zu sagen, aber ihr könnt es jetzt nicht ertragen, weil die Zeit fortgeschritten ist und ihr müde seid. Aber wenn ihr ein wenig Geduld aufbringen und eure Kraft aufbieten könnt, möchte ich gern noch kurz auf den wichtigsten Teil meiner dreiteiligen Predigt eingehen. Erlaubt mir, den um Hilfe zu bitten, den ich groß machen will: Komm, Heiliger Geist, du Taube des Himmels, und lass dich jetzt auf uns nieder!

3

Unsere Kraft

Wenn wir nur das Wort Gottes predigen, wenn wir von einer mustergültigen Gemeinde umgeben sind – was leider nicht immer der Fall ist –, kurzum, wenn das alles der Fall ist, dann brauchen wir immer noch *Kraft*. Diese muss von dem *Geist Gottes* kommen. Wir glauben an den Heiligen Geist, und dass wir von ihm vollkommen abhängig sind. Wir glauben es – aber *leben* wir es auch? Brüder, was uns persönlich und unseren Dienst betrifft, glauben wir an den Heiligen Geist? Glauben wir, und beweisen wir die Wahrheit dieser Lehre mit unserem Leben?

Nur mit der Hilfe des Heiligen Geistes

Wir müssen uns bei unseren Vorbereitungen auf den Heiligen Geist verlassen. Ist das bei uns allen der Fall? Ist es eure Gewohnheit, euch unter der Leitung des Heiligen Geistes die Bedeutung des Textes zu erarbeiten? Jeder, der sich auf den Weg macht in das Land himmlischer Erkenntnis, muss sich dorthin durcharbeiten. Aber er muss es in der Kraft des Heiligen Geistes tun, sonst landet er auf irgendeiner Insel irgendwo im Ozean der Fantasie und wird nie seinen Fuß auf die heiligen Küsten der Wahrheit setzen.

Mein Bruder, du kennst die Wahrheit nicht deshalb, weil du Hodges «Grundbegriffe» oder Fullers «Evangelium, aller Annahme wert» oder Owens «Über den Heiligen Geist» gelesen hättest oder irgendeinen anderen Klassiker unseres Glaubens. Du kennst die Wahrheit auch nicht nur deshalb, mein Bruder, weil du den Katechismus auswendig kennst und ihm zustimmst. Nein, wir wissen nichts, es sei denn, der Heilige Geist lehrt uns, und es sei denn, er spricht mehr zum Herzen als zum Ohr.

Es ist eine wunderbare Tatsache, dass wir nicht einmal die Stimme Jesu hören können, wenn sich nicht der Geist Gottes auf uns niederlässt. Johannes sagt: «An einem Sonntag ergriff mich Gottes Geist. Ich hörte hinter mir eine gewaltige Stimme.»[46] Er hörte die Stimme erst, als er im Geist war. Wie viele himmlische Worte verpassen wir, weil wir nicht im Geist bleiben!

Auch im Gebet werden wir keinen Erfolg haben, es sei denn, der Heilige Geist hilft unserer Schwachheit auf, denn wahres Gebet ist immer «Beten im Heiligen Geist». Der Geist schafft eine Atmosphäre um jedes lebendige Gebet, und innerhalb dieses Kreises lebt das Gebet, und es ist siegreich; außerhalb seiner ist das Gebet nur tote Form. Deshalb müssen wir, wenn wir das Wort Gottes studieren, wenn wir beten, nachdenken oder sonst irgendetwas tun, uns auf den Heiligen Geist verlassen, uns von ihm abhängig machen.

Der Heilige Geist im Predigtdienst

Wenn wir auf der Kanzel stehen, verlassen wir uns wirklich und wahrhaftig auf die Hilfe des Heiligen Geistes? Ich tadle keinen dafür, wie er predigt, aber es scheint mir doch sehr seltsam, wenn einer betet, dass der Heilige Geist ihm beim Predigen helfen möge, und dann geht seine Hand nach hinten und zieht ein Manuskript aus der Tasche, so präpariert, dass er es in seine aufgeschlagene Bibel legen und daraus vorlesen kann, ohne dass es jemand bemerkt.

Diese diskrete Handlung, diese Vorsichtsmaßnahme, sieht ganz danach aus, als wäre es dem Mann doch etwas peinlich, dass er nicht frei spricht. Aber ich denke, er sollte sich vielmehr schämen, dass er solche Heimlichtuerei betreibt. Erwartet er, dass der Geist Gottes ihn segnet, wenn er so trickst? Und wie sollte er ihm helfen können, wenn er von seinem Papier abliest, was jeder andere ohne die Hilfe des Heiligen Geistes auch machen könnte? Was hat der Heilige Geist damit zu tun? Natürlich, es kann schon sein, dass er geholfen hat, das Manuskript zu verfassen, aber auf der Kanzel ist seine Hilfe überflüssig.

Es wäre viel richtiger und ehrlicher, dem Heiligen Geist für die erwiesene Hilfe zu danken und ihn zu bitten, dass das, was er uns geholfen hat, in die Hosentasche zu stecken, jetzt in die Herzen der Zuhörer gelangt. Und doch, wenn der Heilige Geist den Zuhörern irgendetwas sagen wollen sollte, aber es steht nicht auf dem Papier – wie kann er es dann durch uns sagen?

Mir scheint, diese Predigtmethode blockiert die Wirkung des Heiligen Geistes sehr effektiv und reduziert die Frische der Äußerungen. Doch steht es mir nicht an, jemanden zu tadeln, auch wenn ich selbst im stillen Kämmerlein um Freiheit zum Prophezeien bitte und dass der Herr Raum haben möge, in derselben Stunde uns das einzugeben, was wir sagen sollen.

Der Heilige Geist und unser Erfolg

Weiter müssen wir uns vom Geist Gottes abhängig machen, was unseren Erfolg anbelangt. Keiner von uns glaubt wirklich, er könnte einen einzigen Menschen neu machen. Wir sind nicht so töricht zu behaupten, wir könnten ein steinernes Herz verändern. Wir können nicht wagen, uns so viel herauszunehmen, und doch kann es so weit kommen, dass wir meinen, wir könnten durch unsere Erfahrung anderen Leuten helfen, die geistliche Nöte haben.

Können wir das wirklich? Wir können die Hoffnung haben, dass unsere Begeisterung die lebendige Gemeinde vor uns hertreibt und die tote Welt hinter uns herschleift. Wird es so sein? Vielleicht stellen wir uns vor, wenn wir nur eine Erweckung *lostreten* könnten, dann wäre das Gemeindewachstum gesichert? Ist es der Mühe wert, eine Erweckung *loszutreten?* Müssen nicht alle wahren Erweckungen *heruntergeholt* werden? Wir können uns einreden, dass Pauken und Trompeten und Geschrei viel bewirken werden. Aber, meine Brüder, «der Herr ist nicht in dem Sturm».

Wahrer Erfolg kommt von diesem stillen, aber allmächtigen Arbeiter, dessen Name «Geist Gottes» ist. Auf ihn und auf ihn allein müssen wir vertrauen, für die Bekehrung eines einzigen Sonntagsschulkindes genauso wie für eine echte Erweckung, oder wenn es darum geht, unsere Leute beisammenzuhalten und zu einem heiligen Tempel zusammenzufügen – immer müssen wir zum Herrn aufschauen. Wie unser Herr gesagt hat, so könnte auch der Heilige Geist sagen: «Ohne mich könnt ihr nichts tun.»

Leben ohne Atem – Himmel ohne Gott

Was wäre die Gemeinde Gottes ohne den Heiligen Geist? Man könnte auch fragen: Was wäre der Berg Hermon ohne seinen Tau, was wäre Ägypten ohne seinen Nil? Seht das Land Kanaan, als der Fluch des Elia darauf fiel und es drei Jahre lang weder Tau noch Regen gab – so würde das Christentum aussehen ohne den Heiligen Geist. Was die Täler wären ohne ihre Bäche oder die Städte ohne Brunnen, die Getreidefelder ohne Sonne oder die Weinlese ohne den vorangegangenen Sommer, das wären unsere Gemeinden ohne den Geist Gottes.

Oder stellt euch einen Tag ohne Licht vor, Leben ohne Atem, den Himmel ohne Gott – so ist der christliche Dienst ohne den Heiligen Geist. Er ist durch nichts zu ersetzen. Wenn er nicht da ist, bleibt sein Platz leer – die saftigen Weiden vertrocknen, die fruchtbaren Felder werden zur Wüste, Scharon welkt dahin, und der Karmel ist mit Feuer verbrannt.

Du Geist des Herrn, wir preisen dich. Vergib uns, dass wir dich in unserer stolzen Selbstgefälligkeit so vernachlässigt und vergessen, ja verachtet haben. Wir haben deinem Einfluss widerstanden und dein Feuer ausgelöscht! Bitte wirke von nun an in uns gemäß deiner Exzellenz. Mache unsere Herzen weich und empfindsam, und dann bringe uns wie das Wachs zum Siegel und präge das Ebenbild des Sohnes Gottes in uns ein. – Dies sei unser Gebet und unser Glaubensbekenntnis. Und nun wollen wir in der Kraft des guten Heiligen Geistes, von dem wir sprechen, unser Thema weiterverfolgen.

Alles Gute kommt von ihm

Was tut der Heilige Geist? Geliebte, welches gute Werk gibt es, das nicht er vollbracht hätte? Er beschleunigt, er überzeugt, er erleuchtet, er reinigt, er führt, er bewahrt, er tröstet, er bestätigt, er macht vollkommen, und er gebraucht uns. Und das sind nur Überschriften, wie viel könnten wir zu jeder einzelnen noch sagen! Er wirkt in uns das Wollen und das Vollbringen. Er, der alles geschaffen hat, er ist Gott. Dem Heiligen Geist sei die Ehre für all das, was er gewirkt hat in so armseligen und unvollkommenen Geschöpfen, wie wir es sind!

Abgeschnitten von dem Lebenssaft, der uns von dem Weinstock Jesus zufließt, können wir nichts tun. Was von uns selbst kommt, das bringt uns doch nur in Verlegenheit, wir schämen uns dafür. Ohne den Heiligen Geist kommen wir keinen Schritt voran auf unserem Weg zum Himmel. Ohne den Heiligen Geist können wir einander nicht leiten auf der Straße, die zum Himmel führt. Ohne den Heiligen Geist haben wir keinen annehmbaren Gedanken noch Wort noch Werk. Sogar die Stoßgebete unseres Herzens müssen sein Werk sein – auch dass wir nur die Augen aufheben oder Hoffnung haben.

Alles Gute kommt von ihm und ist durch ihn, von Anfang bis Ende. Keine Bange, jede Gefahr der Übertreibung ist völlig ausgeschlossen. Aber setzen wir diese Überzeugung im Alltag auch um?

Erschöpft oder glücklich?

Anstatt mich darüber auszulassen, was der Geist Gottes alles tut, möchte ich an eure Erfahrung appellieren und eine Frage stellen oder zwei. Erinnert ihr euch an Zeiten, als der Geist Gottes gnadenvoll in der Fülle seiner Macht bei euch und bei euren Leuten gewesen ist? Was waren das für Zeiten! Das war ein wahrhaft besonderer Tag. Diese Gottesdienste waren wie die Anbetung Jakobs, als er sagte: «Tatsächlich – der Herr wohnt hier!»[47]

Welch ein Telegrafieren geht zwischen dem Prediger im Geist und den Zuhörern im Geist hin und her! Ihre Augen scheinen uns so viel zu sagen, wie unsere Zunge ihnen mitteilt. Dann sind sie so anders als sonst, auf ihren Gesichtern liegt eine solche Schönheit, wenn wir den Herrn Jesus verherrlichen, und sie genießen unser Zeugnis und nehmen es in sich auf.

Habt ihr jemals einen Herrn der neuen Schule gesehen, der seine eigene Predigt genießt? Unsere bibeltreuen Prediger genießen es sehr, ihre «Plattitüden» weiterzugeben, wie es unsere liberalen Freunde gern nennen. Aber die Neumodischen haben bei all ihrer Weisheit keine solche Freude. Könnt ihr euch einen Downgrader vorstellen, der so strahlt wie einer, der gerade «in voller Fahrt» ist?

Wie vehement sie doch die Post-Exil-Theorie vertreten! Sie erinnern mich an Ruskins «Turner hatte keine Freude an seiner Mühle» (die er selbst gemalt hatte). Ich garantiere euch, da gibt es nichts, woran man sich freuen könnte, und es ist offensichtlich, dass sie froh sind, wenn sie ihre Aufgabe erledigt und die abgenagten Knochen zusammengetragen haben. Sie stehen vor einer leeren Krippe und vergnügen sich damit, in das Holzgestell zu beißen. Sie bringen ihre Predigt hinter sich, und dann sind sie erschöpft, bis der Montag kommt mit einem Fußballspiel oder einem unterhaltsamen Abend in der Schule oder einer politischen Veranstaltung. Predigen ist für sie Schwerstarbeit, auch wenn sie nicht allzu viel Mühe darauf verwenden.

Für die alten Prediger dagegen – und auch für einige von denen, die heute leben, aber als «überholt» gelten –

war die Kanzel ein Thron oder ein Triumphwagen, und wenn der Herr ihnen hilft, mit Autorität zu predigen, sind sie dem Himmel nah. Armselige Dummköpfe, die wir sind, predigen wir unser «antiquiertes» Evangelium! Und wir genießen es in vollen Zügen. Unsere trübseligen Lehren machen uns sehr glücklich. Wirklich seltsam, nicht wahr?

Offensichtlich ist das Evangelium für uns eine wahre Delikatesse, und das, was wir für wahr halten – natürlich ist das alles absurd und völlig unphilosophisch –, stellt uns zufrieden und macht uns sehr zuversichtlich und glücklich. Ich kann von einigen meiner Brüder sagen, dass ihre Augen wirklich zu funkeln und ihre Seelen zu glühen scheinen, wenn sie die unverdiente Gnade groß machen und die Liebe, die stirbt, um uns zu gewinnen.

Ja, Brüder, wenn wir die Gegenwart Gottes bei uns haben, werden wir und unsere Zuhörer von himmlischem Entzücken hinweggetragen. Aber das ist noch längst nicht alles. Wenn der Geist Gottes da ist, liebt jeder Heilige seinen Mitheiligen, und wir sind ein Herz und eine Seele, und das Einzige, worin wir einander übertreffen wollen, ist, dass wir einander lieben. Dann ringen und siegen wir im Gebet, und es wird guter Same ausgesät und eine reiche Ernte eingebracht. Dann gibt es jede Menge Bekehrungen, die Menschen werden heil, stark und frei, und wo man auch hinschaut, sieht man, dass alle in der Gnade wachsen. Halleluja! Mit dem Geist Gottes geht alles gut vonstatten.

Ohne den Heiligen Geist wird sogar die Wahrheit zum Eisberg

Aber kennt ihr auch den entgegengesetzten Zustand? Hoffentlich nicht. Er heißt «lebendig tot». Hoffentlich habt ihr in euren naturwissenschaftlichen Versuchen nie die Grausamkeit besessen, eine Maus unter eine Glocke zu setzen und langsam ein Vakuum herzustellen. Ich habe von diesem mörderischen Experiment gelesen. Oh, die arme Maus! Die Luft wird dünner und dünner, sie leidet entsetzlich, und wenn alle Luft draußen ist, liegt sie tot da.

Seid ihr geistlich gesehen auch schon unter so einer leergepumpten Glocke gewesen? Wahrscheinlich gerade lange genug, um zu begreifen, dass ihr so schnell wie möglich flüchten müsst. Neulich sagte mir einer: «Nun, die Predigt dieses modernen Theologen war nicht allzu gefährlich, denn dieses Mal brachte er keine falsche Lehre. Aber es war einfach eiskalt. Ich fühlte mich, als wäre ich in eine Gletscherspalte gestürzt, und mir blieb sozusagen die Luft weg, ich bekam keine Himmelsluft mehr.»

Ihr kennt diese arktische Kälte. Und manchmal spürt man sie sogar bei gesunder Lehre. Wenn der Geist Gottes fehlt, wird sogar die Wahrheit zum Eisberg. Wie erbärmlich ist doch erstarrte, leblose Frömmigkeit! Der Heilige Geist ist gegangen, und mit ihm die ganze Energie und Leidenschaft. Es ist eine Szene wie die im «alten Matrosen», als das Schiff vollends untergegangen war:

Die Tiefe selbst verfaulte – Gott
Im Himmel, gib uns Mut!
Schlammtiere krabbeln zahllos rings
Auf schlamm'ger Moderflut.

Im Schiff war nur Tod. Das haben wir auch in einer Gemeinde gesehen. Ich bin versucht, Coleridges Zeilen auf so vieles zu übertragen, was man in Gemeinden erleben kann, die den Namen «Gemeinde der Toten» verdienen. Er beschreibt, wie die Leichen wieder zum Leben kommen und das Schiff weiterfährt, dabei erfüllt jeder Tote seine Aufgabe, aber nur formal, eben tot:

Und weiter zieht das Schiff, bewegt
Von keines Windes Kraft;
Die Mannschaft klimmt im Takelwerk,
Treibt, was sie sonst geschafft.
Sie regen gleich Maschinen sich;
O, schrecklich, schauderhaft!

Da gab es keine lebendige Gemeinschaft. Der alte Matrose sagt weiter:

Der Leib von meines Bruders Sohn,
Knie an Knie, stand neben mir dort;
Wir zogen beid' an einem Seil,
Doch sagt' er mir kein Wort.

Genau so geht es in jenen «respektablen» Versammlungen zu: Keiner kennt seinen Nebensitzer, und eine würdige Isolation unterbindet alle heilige Gemeinschaft. Falls der Prediger der einzige Lebendige unter ihnen ist, ist die Gemeinde für ihn eine äußerst langweilige Gesellschaft. Seine Predigten stoßen gewissermaßen auf taube Ohren.

> Die Nacht war still, der Mond stand hoch,
> Die Toten standen zuhauf.
> Die lägen besser auch im Sarg;
> Umstehn mich allzumal
> Und sehn mit glas'gem Aug' mich an;
> Drin blitzt des Mondes Strahl.

Ja, das Mondlicht des Predigers, kalt und freudlos, fällt auf Gesichter, die ihm ähnlich sind. Die Rede macht auf ihren sturen Intellekt zwar Eindruck und fasziniert ihre glasigen Augen, aber die Herzen! Herzen sind dort nicht in Mode. Herzen sind für das Reich des Lebens geschaffen. Aber wie können Gemeinden ohne den Heiligen Geist das wahre Leben kennen?

Wenn der Heilige Geist gegangen ist, regiert der Tod, und die Kirche wird zum Friedhof. Deshalb müssen wir den Herrn nötigen, bei uns zu bleiben, und wir dürfen nicht nachlassen, bis er nachgibt. Oh Brüder, lasst mich jetzt nicht einfach reden und dann soll es gut sein. Lasst uns alle mit *einem* Herzen und *einer* Seele die Kraft des Heiligen Geistes suchen, damit sie auf uns bleibe.

Herr, bleibe bei uns!

Haben wir nicht den Heiligen Geist empfangen? Ist er nicht jetzt bei uns? Wenn er bei uns ist, *wie können wir sicherstellen, dass er auch in Zukunft mit uns ist?* Wie können wir ihn dazu bringen, dass er bei uns bleibt?

Verehrt ihn

Ich würde sagen: Erstens *behandelt ihn, wie er behandelt werden sollte*. Betet ihn an als den bewunderungs- und anbetungswürdigen Herrn und Gott, der er ist. Sprecht von dem Heiligen Geist nie wie von einer Sache oder als wäre er eine Lehre, eine Kraft oder ein geheimnisvolles Etwas. Verehrt ihn, liebt ihn und vertraut ihm mit kindlicher und gleichzeitig ehrfürchtiger Zuversicht. Er ist Gott, lasst ihn für euch Gott sein.

Macht euer Heu, wenn die Sonne scheint

Achtet darauf, dass euer Handeln mit seinem Wirken übereinstimmt. Wer nach Osten segeln will, kann nicht den Wind einschalten, aber er weiß, wann der Passat weht, und nutzt die günstige Zeit, um sein Schiff zu bewegen.

Stecht in See zu eurer heiligen Unternehmung, wenn der himmlische Wind mit euch ist. Nutzt die heiligen Gezeiten, wie ihr Ebbe und Flut nutzt.

Wenn ihr spürt, dass Gottes Geist sie segnet, haltet vermehrt Versammlungen ab. Wenn der Herr Ohren und Herzen öffnet, verkündigt die Wahrheit ernsthafter als je zuvor. Ihr werdet es bald merken, wenn der Tau fällt. Schätzt dieses Gnadenwirken Gottes. Der Bauer sagt: «Mach Heu, wenn die Sonne scheint.» Ihr könnt nicht machen, dass die Sonne scheint, das steht nicht in eurer Macht. Aber ihr könnt den Sonnenschein nutzen, wenn er vorhanden ist.

«Und wenn du in den Wipfeln der Balsambäume das Geräusch eines Einherschreitens hören wirst, dann beeile dich!»[48] Seid immer fleißig, zur Zeit und zur Unzeit. Aber wenn es gerade lebhaft zugeht, seid doppelt arbeitsam.

Die absolute Bedingung

Immerzu, am Anfang, im Fortsetzen und beim Beenden jedes guten Werkes, *verlasst euch ganz bewusst und wirklich und wahrhaftig auf den Heiligen Geist.* Alles muss von ihm kommen, sogar das Bewusstsein dafür, dass ihr ihn braucht. Auch die Gebete, mit denen ihr ihn anfleht, müssen von ihm kommen. Ihr tut ein so geistliches Werk, so hoch erhaben über alle menschliche Macht, dass es euch eine garantierte Niederlage einbringt, wenn ihr den Heiligen Geist außer Acht lasst.

Lasst den Heiligen Geist für eure Bemühungen die Conditio sine qua non sein. Geht so weit, ihm zu sagen: «Wenn du nicht selbst voranziehst, dann schick uns nicht von hier fort!»[49]

Sorgt dafür, dass er alle Ehre bekommt

Ruht nur in ihm und *sorgt so dafür, dass er alle Ehre bekommt*. Seid hierauf besonders bedacht, denn in diesem Punkt lässt er nicht mit sich spaßen: Er teilt seine Ehre mit keinem anderen. Achtet darauf, den Geist Gottes aus tiefstem Herzensgrund zu preisen, und staunt immer wieder dankbar darüber, dass er sich herablässt, sein Werk durch euch zu tun.

Erfreut ihn, indem ihr Jesus großmacht. Zeigt ihm eure Ehrfurcht, indem ihr bereitwillig auf seine Impulse eingeht und alles hasst, was ihn betrübt. Der beste

Psalm, mit dem ihr ihn loben könnt, ist die Heiligung eures ganzen Seins.

Was der Heilige Geist *nicht* tun will

Noch einige wenige Punkte, an die ich euch erinnern will, dann bin ich fertig. Vergesst nicht, dass der Heilige Geist alles auf seine eigene Weise tun will – und es gibt auch so manches, das er *nicht* tun will.

Er segnet keine Kompromisse

Wenn wir mit Irrtum oder Sünde einen Bund schließen, tun wir das auf eigene Gefahr. Wenn wir irgendetwas tun, was uns nicht einleuchtet, wenn wir an der Wahrheit oder an der Heiligung Abstriche machen, wenn wir Freunde der Welt sind, wenn sich alles um unsere Wünsche und Begierden dreht, wenn wir halbherzig predigen und uns mit Irrenden verbünden, haben wir keine Verheißung, dass der Heilige Geist mit uns geht.

Die große Verheißung läuft auf einer ganz anderen Schiene: «Verlasst sie, und trennt euch von ihnen! Rührt nichts Unreines an! Dann will ich euch annehmen. Ich werde euer Vater sein, und ihr werdet meine Söhne und Töchter sein. So spricht der Herr, der allmächtige Gott.»[50]

Abgesehen von der Offenbarung an Johannes ist das die einzige Stelle im ganzen Neuen Testament, wo Gott so genannt wird: «der Herr, der allmächtige Gott». Wenn ihr wissen wollt, was der Herr als der allmächtige Gott Großes tun kann, dann haltet euch getrennt von der Welt und von denen, die von der Wahrheit abfallen.

Der Titel «der Herr, der allmächtige Gott» stammt aus dem Alten Testament. Dort heißt er auch «El-Schaddai», der Allgenügende, der vielbrüstige Gott.[51] Erst wenn wir ein für alle Mal und endgültig mit allem gebrochen haben, was ihm nicht gefällt, werden wir die ganze und umfassende Versorgermacht Gottes kennen lernen. Wie großartig von Abraham, als er zum König von Sodom sagte: «Nicht einmal einen Schuhriemen», keinen babylonischen Mantel und schon gar kein Stückchen Gold, «behalte ich von dem, was dir gehört!» Nichts, rein gar nichts. Er sagte: «Du sollst niemals sagen können: ‹Ich habe Abram reich gemacht!›»[52]

Kurz und gut: Ein Mann Gottes hat nichts zu tun mit Sodom oder mit falscher Lehre. Wenn ihr irgendetwas Böses seht, weg damit. Habt nichts zu tun mit denen, die mit der Wahrheit nichts zu tun haben. Dann seid ihr bereit, die Verheißung zu erlangen, und erst dann.

Liebe Brüder, vergesst nicht: Wo die Liebe stark ist, da ist immer auch die Eifersucht groß. «Liebe ist stark wie der Tod.» Wie geht es dann weiter? «Und ihr Eifer unbezwinglich wie das Totenreich.»[53] «Gott ist Liebe», und genau deshalb heißt es auch: «Denn ich, der Herr, dein Gott, bin ein eifersüchtiger Gott.»[54]

Haltet euch rein von allem, das euch beflecken oder den Heiligen Geist betrüben würde. Denn wenn er sich über uns ärgert, werden wir bald vor dem Feind zuschanden.

Er hat keine Verheißung für Feigheit

Zweitens: *Für Feigheit hat Gott keine Verheißung gegeben.* Wenn ihr es zulasst, dass Menschenfurcht euch beherrscht, und euch vor Leiden oder Spott schützen wollt, ist Gottes Verheißung «Wer sich an sein Leben klammert, der wird es verlieren»[55] ein schwacher Trost. Die Verheißungen des Heiligen Geistes für uns, wenn wir in diesem Kampf stehen, gelten denen, die mutig sich selbst hintansetzen und durch Glauben im Kampf stark werden. Ich wünschte, wir wären schon so weit, dass wir Spott und Hohn, Schmach und Schande mit Verachtung straften.

Oh, hätten wir nur diese Selbstvergessenheit jenes italienischen Märtyrers, von dem Foxe spricht! Sie verurteilten ihn zum Tode auf dem Scheiterhaufen, und er hörte sich den Urteilsspruch ruhig an. Aber wisst ihr, es macht zwar Spaß, Märtyrer zu verbrennen, aber es ist doch ein teurer Spaß. Der Bürgermeister jener Stadt jedenfalls legte keinen Wert darauf, das Reisig zu bezahlen, mit dem der Haufen in Brand gesteckt werden sollte, und die Priester, die ihn angeklagt hatten, wünschten das Werk ohne eigene Unkosten zu vollbringen.

So gab es eine heftige Auseinandersetzung, und der arme Mann, dem das Reisig sollte zugutekommen, stand dabei und hörte schweigend zu, wie sie einander beschimpften. Als er zu dem Schluss gekommen war, dass sie zu keiner Einigung gelangen konnten, ergriff er das Wort: «Meine Herren, ich möchte Ihren Streit beilegen. Es ist eine Schande, dass Sie alle so viel investieren müssen, um das Reisig zu meiner Verbrennung zu beschaffen. Um meines Gottes willen, wenn es Ihnen genehm ist, bezahle *ich* das Holz, das mich verbrennen soll.»

Das ist eine schöne Mischung von Verachtung und

Sanftmut. Ich weiß nicht, ob ich diese Rechnung bezahlt hätte. Aber ich habe auch ein wenig Lust bekommen, etwas zur Seite zu treten, damit die Feinde der Wahrheit für ihre Kritik an mir genügend Brennstoff finden können.

Ja, ja, ich bin noch niederträchtiger: Ich liefere ihnen reichlich Stoff, damit sie sich richtig schön über mich beschweren können. Um Christi willen werde ich die Kontroverse durchziehen, und ich werde rein gar nichts unternehmen, um ihren Zorn zu besänftigen.

Brüder, wenn ihr euch ein wenig zurücknehmt, wenn ihr versucht, bei diesen Abgefallenen ein wenig von eurem Ruf zu retten, wird es euch schlecht ergehen. Wer sich hier vor den gottlosen Menschen schämt, sich zu Christus und seiner Botschaft zu bekennen, der wird feststellen müssen, dass auch der Menschensohn sich seiner schämen wird, wenn er schließlich kommt.

Er setzt sein Siegel nicht auf Lüge

Ich fasse mich jetzt sehr kurz. Drittens, denkt daran: *Auf Falschheit und Lüge setzt der Heilige Geist sein Siegel nicht.* Nie! Wenn das, was ihr predigt, nicht die Wahrheit ist, wird sich Gott nicht dazu stellen. Seht euch vor.

Er unterschreibt keinen Blankoscheck

Noch mehr: *Der Heilige Geist unterschreibt keinen Blankoscheck.* Das wäre schon für uns Menschen unweise, und der heilige Gott gibt sich für eine solche Dummheit ganz sicher nicht her. Wenn wir nicht klare Lehre mit klaren Worten verkündigen, setzt der Heilige Geist auch nicht seine Unterschrift unter unser hohles Gefasel. Wenn wir nicht deutlich Christus predigen und ihn als gekreuzigt und auferstanden, können wir echtem Erfolg Lebewohl sagen.

Er heißt Sünde niemals gut

Weiter, denkt daran: *Der Heilige Geist wird Sünde niemals gutheißen.* Und würde er den Dienst einiger bestimmter Leute segnen, dann wäre das ein Gutheißen ihrer bösen Wege. «Reinigt euch, die ihr die Geräte des Herrn tragt!»[56]

Euer Leben soll mit eurer Lehre übereinstimmen. Reinigt eure Gemeinden von den Übertretern, die offen Böses tun, damit nicht der Heilige Geist sich von eurem Lehren distanziert – nicht weil die Lehre verkehrt wäre, sondern wegen des Pestgestanks des unheiligen Lebens, das die Lehre entweiht.

Er ermutigt nie zur Untätigkeit

Erinnert euch, ich wiederhole es, *dass er von Untätigkeit und Müßiggang nichts hält*. Der Heilige Geist wird uns nicht vor den Konsequenzen retten, wenn wir beschließen, das Wort Gottes zu vernachlässigen und es nicht mehr zu studieren. Wenn wir uns erlauben, die ganze Woche lang nichts zu tun, können wir nicht die Kanzel besteigen und davon träumen, dass der Herr schon dort oben sein wird und uns eingibt, was wir sagen sollen.

Wenn solchen Leuten Hilfe verheißen wäre, dann wären wir je faulere, desto bessere Prediger. Wenn der Heilige Geist nur durch spontane Verkündigung wirken würde, dann wäre es, je weniger wir unsere Bibel lesen und über sie nachdenken würden, umso besser. Wäre es verkehrt, aus Büchern zu zitieren, würde uns doch nicht befohlen: «Selig, der da liest und die da hören!»[57], und auf das Gelesene zu achten. All das ist offensichtlich absurd, und keiner von euch wird so einem Wahnsinn verfallen.

Wir sollen viel über das Wort nachsinnen und uns ganz dem Wort Gottes und dem Gebet widmen, und wenn wir das getan haben, dann können wir den Heiligen Geist um Gestattung ersuchen und ihn um seine Mitwirkung bitten. Wir sollten die Predigt so vorbereiten, als hinge alles von uns allein ab, und dann dem Heiligen Geist vertrauen im Wissen, dass alles nur von ihm abhängt.

Der Heilige Geist sendet keinen in die Ernte, um sich zwischen den Schafen hinzulegen und zu schlafen. Wir sind gesandt, die Last zu tragen und die Hitze des Tages. Es steht uns wohl an, Gott zu bitten, dass er *Arbeiter* in den Weinberg sende; denn der Geist Gottes ist mit der Kraft der Arbeiter, er ist kein Freund der Faulenzer.

Er unterstützt nicht unseren Stolz

Erinnert euch daran: *Der Heilige Geist wird uns nicht segnen, um unseren Stolz zu unterstützen.* Könnte es sein, dass wir uns große Segnungen wünschen, damit man uns für große Männer hält? Das wird unseren Erfolg verhindern, denn die Bogensehne ist defekt, und der Pfeil fliegt zur Seite.

Was macht Gott mit den Stolzen? Erhöht er sie? Ich fürchte, nein. Herodes hielt eine glänzende Rede, und er trug ein silberglitzerndes Gewand, das in der Sonne glänzte. Und als das Volk das sah und seine bezaubernde Stimme hörte, riefen sie begeistert: «So spricht nur Gott und kein Mensch!»[58] Aber der Herr schlug ihn, und er wurde von Würmern zerfressen.

Würmer haben ein verbrieftes Recht auf stolzes Fleisch. Und wenn wir sehr mächtig und sehr groß werden, freuen sich die Würmer schon auf ein fettes Mahl. «Der Stolze wird gestürzt: ja, Hochmut kommt vor dem Fall!»[59]

Bleibt bescheiden und demütig, wenn ihr wollt, dass der Geist Gottes mit euch ist. Der Heilige Geist hat an der geschwollenen Rhetorik des Stolzen kein Gefallen. Wie könnte er auch? Wolltet ihr, dass er Schwülstigkeit belohnt? «Gehe bescheiden mit deinem Gott»,[60] oh Prediger! Denn anders kannst du gar nicht mit ihm gehen, und wenn du ohne ihn gehst, dann kommst du nirgends hin.

Er fühlt sich nicht wohl, wo es Streit gibt

Und vergesst nicht: *Wo es Streit gibt, fühlt sich der Heilige Geist nicht wohl.* Lasst uns dem Frieden nachjagen, dem Frieden mit jedermann und ganz besonders in unseren Gemeinden. Nicht alle von euch sind bereits so glücklich, und vielleicht liegt das gar nicht an euch. Ihr müsst die Suppe auslöffeln, die andere der Gemeinde eingebrockt haben.

In vielen älteren Gemeinden sind alle irgendwie miteinander verwandt, und in Verwandtschaften ist es oft so, dass man sich insofern einig ist, dass man eben nicht einig ist. Wenn ein Vetter den anderen übervorteilt, ist das ein Same des Übelwollens, und dieser Same geht auf und fasst auch im Gemeindeleben Fuß.

Wenn euer Vorgänger autoritär war und seinen eigenen Kopf durchgesetzt hat, kann es sein, dass euch noch jahrelange Auseinandersetzungen bevorstehen. Er war ein Kriegsmann von Jugend auf, und wenn er selbst auch gegangen ist: Die Geister, die er rief, sind geblieben, und sie gehen um.

Ich befürchte, ihr könnt nicht viel Segen erwarten, denn an unruhigen Wassern lässt die heilige Taube sich nicht nieder. Sie kommt da, wo die Bruderliebe bleibt. Bei wichtigen Grundsätzen und in Sachen heiliger Ordnung mögen wir den Frieden wohl riskieren, aber wenn es um uns selbst geht oder um die Interessen von Einzelnen oder Gruppen in der Gemeinde, möge ein solches Verhalten fern von uns sein.

Er segnet nur seine Pläne

Zuletzt: Denkt daran, *der Heilige Geist segnet nur das, was mit seinen Plänen übereinstimmt.* Unser Herr hat seine Absichten deutlich gemacht: «Er wird mich verherrlichen.»[61] Das hat er sich vorgenommen, das ist sein großes Ziel, und mit weniger wird er sich nicht zufriedengeben.

Wenn wir aber nicht Christus predigen, was soll der Heilige Geist dann mit unserem Predigen anfangen? Wenn wir den Herrn Jesus nicht erheben, wenn wir ihn den Menschen nicht groß und wertvoll machen, wenn wir uns nicht dafür einsetzen, dass er als König der Könige und als Herr aller Herren angebetet wird, wird der Heilige Geist nicht mit uns sein. Dann nützen alle Redekunst, Musik, Architektur, Fleiß und Ansehen nichts. Wenn wir nicht als einziges Ziel haben, Jesus groß zu machen, werden wir allein arbeiten – und das vergeblich.

✦ ✦ ✦

Das ist alles, was ich euch für dieses Mal zu sagen habe. Aber, meine lieben Brüder, das alles zu bewegen und dann auszuführen ist eine große Sache. Möge es sich in unserem Leben auswirken! Das wird es sicher, wenn der große Wirker davon Gebrauch macht, und nur dann.

Vorwärts, Christi Streiter, mit dem Schwert des Geistes, welches das Wort Gottes ist. Geht vorwärts mit den Leuten, die nach Gottes Willen leben und die ihr leitet, und mögen sie alle stark sein im Herrn und in der Macht seiner Stärke. Ihr seid tot gewesen und zum Leben gekommen. So geht vorwärts in der lebendig machenden Kraft des Heiligen Geistes. Eine andere Kraft habt ihr nicht.

Der Segen des dreieinigen Gottes ruhe auf euch, auf jedem von euch und auf euch allen, um Jesu Christi willen! Amen.

Anmerkungen

[1] Der Kampf zwischen den bibelkritischen Modernisten und dem bibeltreuen Überrest in der Baptistenbewegung Ende des 19. Jahrhunderts (downgrade – Niedergang; frei übersetzt: Abfall [vom rechten Glauben]).

[2] «The Sword and the Trowel», Februar 1888, Seite 83.

[3] Ebd., Seite 84, 82.

[4] «The Sword and the Trowel», Mai 1888, Seite 1f.

[5] «The Sword and the Trowel», Mai 1888, Seite 2.

[6] «The Sword and the Trowel», März 1888, Seite 148.

[7] G. Holden Pike: *The Life and Work of Charles Haddon Spurgeon,* 6 Bände (London: Cassell and Company), Band 6, Seite 298.

[8] «The Sword and the Trowel», März 1888, Seite 149f.

[9] Ebd., Seite 148.

[10] Die Thermopylen, im antiken Griechenland eine Engstelle von hohem strategischem Wert; einziger Weg von der Küste am Malischen Golf ins Landesinnere.

[11] Bibliolatrie: abgeleitet von «Idolatrie» – Götzendienst; Vergötterung der Bibel; auch Buchstabengläubigkeit.

[12] «Remarks on Inspiration», in: «The Sword and the Trowel», Mai 1888, Seite 207.

[13] «The Sword and the Trowel», Juni 1888, Seite 270.

[14] Ebd., Seite 258.

[15] Ebd., Seite 262.
[16] Ebd., Seite 263f.
[17] «The Sword and the Trowel», Juli 1888, Seite 340.
[18] Ebd., Seite 341.
[19] Ebd.
[20] Ebd.
[21] Ebd., Seite 344.
[22] Ebd., Seite 345.
[23] «The Sword and the Trowel», Januar 1891, Seite 1.
[24] Ebd., Seite 2.
[25] Ebd., Seite 2
[26] Ebd., Seite 3.
[27] Hoheslied 4,4; Schlachter.
[28] Jesaja 57,20; Hoffnung für alle.
[29] Psalm 94,11; Hoffnung für alle.
[30] Nach Matthäus 4; Luther.
[31] Sprüche 30,5; Schlachter.
[32] 1. Samuel 21,10; Schlachter.
[33] Psalm 19,8; nach der engl. King-James-Version (dort Vers 7).
[34] Epheser 3,10; Hoffnung für alle.
[35] Neusilber ist eine silberweiß glänzende Legierung aus Kupfer, Nickel und Zink.
[36] Hiob 28,14; Luther.
[37] 2. Mose 32,4.8; Schlachter.
[38] So die «Lückentheorie», die im 19. Jahrhundert verbreitet war, jetzt aber an Bedeutung verloren hat.
[39] Hiob 2,4; Hoffnung für alle.
[40] Apostelgeschichte 20,27; Hoffnung für alle.
[41] Abendmahl und Taufe.

[42] 2. Timotheus 3,8: «So wie sich die ägyptischen Zauberer Jannes und Jambres gegen Mose auflehnten, so widersetzen sich diese falschen Lehrer der Wahrheit. Ihre Ansichten sind verdreht und wirr, ihr Glaube hält keiner Prüfung stand» (Hoffnung für alle).
[43] 1. Korinther 14,8; Hoffnung für alle.
[44] Isaac Watts: «The Psalms of David», 1719.
[45] Johann Gerhard Oncken, 1800–1884, Begründer der deutschen und mittel- und westeuropäischen Baptistengemeinden.
[46] Offenbarung 1,10; Hoffnung für alle.
[47] 1. Mose 28,16–17; Hoffnung für alle.
[48] 2. Samuel 5,24; Schlachter.
[49] 2. Mose 33,15; Hoffnung für alle.
[50] 2. Korinther 6,17–18; Hoffnung für alle.
[51] Nach neuerer Übersetzung: Hebr. «Gott der Gewaltige», ursprünglich wahrscheinlich «Gott des Berges», von akkad. *schadu* «Berg/Gebirge»; vgl. auch arab. *schadad* «stark sein».
[52] 1. Mose 14,23; Hoffnung für alle.
[53] Hoheslied 8,6; Schlachter.
[54] 2. Mose 20,5; Schlachter.
[55] Markus 8,35; Hoffnung für alle.
[56] Jesaja 52,11; Schlachter.
[57] Offenbarung 1,3; Luther.
[58] Apostelgeschichte 12,22; Hoffnung für alle.
[59] Sprüche 16,18; Hoffnung für alle.
[60] Vgl. Micha 6,8; Elberfelder.
[61] Johannes 16,14; Schlachter.